123D Design
per la Stampa 3D

Paolo Aliverti

Dall'età di dieci anni si occupa di elettronica e computer. Nel 1999 la passione di un bimbetto si è trasformata in una laurea in ingegneria delle telecomunicazioni. Ha lavorato con robot che giocano a calcio e sistemi di visione artificiale. Dopo una decina di anni nel mondo del software è tornato alle origini e alla sua passione per l'elettronica. Ha fondato Frankenstein Garage e ora è tra i co-fondatori di FabLab Milano. Nel 2013 ha scritto con Andrea Maietta "Il manuale del maker" – ed. FAG. Organizza workshop su elettronica, stampa 3D, Internet degli oggetti e offre consulenza su questi temi. Partecipa a conferenze ed eventi raccontando con parole semplici come sia facile tornare a costruire oggetti.

Il suo sito: http://www.zeppelinmaker.it

Immagine di copertina: Submarine - per gentile concessione di G_Taurus / Martin Schrimpel
http://www.deviantart.com/#/art/Submarine-41661189?hf=1

ISBN 978-1-291-81694-5
123D Design di Paolo Aliverti è distribuito con Licenza Creative Commons Attribuzione - Non commerciale - Condividi allo stesso modo 4.0 Internazionale. - aprile 2014

123D Design
per la Stampa 3D

Tutto quello che serve sapere per passare dal disegno all'oggetto stampato

Paolo Aliverti

Dedico questo libro alla mia amata Eleonora.

A Emma, Samuele e Giona.

Ringraziamenti

Ringrazio Andrea Radaelli e Matteo Abbiati di Sharebot per il supporto e l'assistenza ricevuta durante la stesura del libro.

Tutta la mia gratitudine a Gionata Maran per aver avuto la pazienza di leggere tutto quello che ho scritto a per avermi aiutato nella revisione.

Ho scritto gran parte di questo libro sui treni di Trenord della linea S1, perennemente in ritardo. Grazie ai loro ritardi ho avuto più tempo per scrivere.

Un ringraziamento al Bar Binario11 di piazzale Cadorna, Milano, per avermi ospitato nelle fredde albe milanesi, dalle 6 alle 9, durante la stesura del libro. La brioche al pistacchio è buonissima.

Collegatevi al mio blog per ricevere aggiornamenti e informazioni sulla stampa 3D e sul mondo dei makers. L'indirizzo è: http://www.zeppelinmaker.it

Fatemi sapere se vi è piaciuto oppure no. Ogni commento è graditissimo.

1

Introduzione

Nella primavera del 2011, io, Andrea e Alessandro, dopo aver fondato Frankenstein Garage[1] e aver dichiarato di voler aprire un FabLab a Milano, eravamo soliti ricevere parecchie mail ogni settimana in cui le persone ci raccontavano i loro sogni e chiedevano un aiuto. Avevamo vinto un bando di Assolombarda e era stato assegnato un piccolo ufficio a Sesto San Giovanni. Non avevamo un laboratorio, solo sale riunioni e una scrivania, ma cercavamo comunque di fare il nostro lavoro, di FabLab "virtuale", per pagarci macchine e affitto. Parte di questo lavoro consisteva nel accogliere le richieste delle persone e di cercare di realizzare la loro idea di futuro. Un sabato ricevemmo una mail di Andrea Radaelli, un giovane e promettente ragazzo brianzolo che aveva costruito una stampante 3D e voleva aprire una start up di nome Sharebot. Il progetto

---

[1] Frankenstein Garage è una startup, cioè il tentativo di creare un'impresa. Il "Garage" si occupava di consulenza per la creazione di prototipi e corsi di formazione. All'inizio voleva essere un FabLab, cioè un Faboulous Laboratory o Fabrication Laboratory, cioè un laboratorio di fabbricazione digitale, dotato di macchine a controllo numerico come frese, laser cutter e stampanti 3D, in grado di creare (quasi) qualsiasi cosa. Il primo FabLab è stato creato da Neil Gershenfeld al MIT di Boston all'inizio di questo secolo.

mangiate? Te le stampi. Si rompe un portellino della lavastoviglie e il tecnico ti dice che devi cambiare tutto lo sportello e che conviene cambiare l'elettrodomestico? Follia! Te lo stampi! Un oggetto progettato da altri potrebbe essere migliorato? Stampi quello che serve per renderlo perfetto. Poter disporre di questa tecnologia quotidianamente mi ha reso abile e confidente con lo strumento anche se non mi ritengo un esperto; se desiderate conoscere un guru della stampa 3D, cercate su Google di Simone Majocchi.

Pochi mesi fa mi hanno chiesto se potevo organizzare un corso sulla stampa 3D. Ho accettato immediatamente. Il corso era destinato a dei principianti, quindi ho cercato di progettarlo in modo che fosse semplice e comprensibile. La parte più difficile di un corso sulla stampa 3D non è tanto l'utilizzo della macchina, ma la realizzazione di un disegno. A un principiante è facile spiegare come funziona la stampante: una specie di pistola per la colla a caldo robotizzata che deposita strati di plastica. Il problema è insegnare come trasformare un'idea in un disegno CAD. I programmi CAD per il disegno in 3D non sono semplici. Il computer visualizza uno spazio in tre dimensioni su uno schermo piatto e noi possiamo interagire con gli oggetti posti in questo mondo virtuale solo con un mouse che si muove su un piano. Tutto questo è sicuramente fonte di qualche problema!

Per fortuna negli ultimi anni Autodesk e MakerBot hanno realizzato dei programmi per facilitare il disegno degli oggetti. Questi programmi sono TinkerCAD e era nobile e affascinante e iniziammo ad aiutarlo un po' come potevamo. Ci chiedeva aiuto nel realizzare una scheda di controllo per la sua macchina. Dopo vari tentativi e prototipi la scheda non fu mai messa a punto. Il boom delle stampanti 3D aveva ormai inondato il mercato di controller pret-a-porter a basso costo. Nei mesi successivi alla sua mail lo coinvolgemmo in molte delle nostre attività e mettemmo mano a delle vere stampanti 3D. Iniziò così...

Frankenstein Garage organizzava corsi e workshop tra cui non poteva mancarne uno sulla stampa 3D. Iniziammo a metterli a calendario e andavano tutti in sold out. I corsi li teneva Andrea Radaelli di persona. Ne avevamo due: "Introduzione alla stampa 3D" e "La mia prima stampa - le mollette della sciura Maria". Il primo corso offriva una panoramica sulla macchina e sulle tecnologie di prototipazione, nel secondo s'imparava come disegnare e poi stampare un oggetto.

Ora Andrea produce stampanti bellissime che sono tutte italiane e non hanno nulla da invidiare alle MakerBot statunitensi. Che io sappia non tiene più corsi per Frankenstein Garage.

Nel 2013 anche a casa mia arrivò una stampante 3D Sharebot Pro. Una stampante personale, intendo. Una stampante con cui creare giocattoli per i figli, parti di ricambio per elettrodomestici e trasformare in plastica, idee che ti svegliano nel cuore della notte. Averne una così vicina e a portata di mano, fa sentire quasi onnipotenti. Hai un'idea? La disegni ed è fatta. Non trovi più le pedine del monopoli perché il cane se le è

123D Design. Sono software gratuiti e utilizzabili on-line. 123D Design è anche installabile, in modo che sia utilizzabile anche quando Internet non è disponibile.

Per i miei corsi ho scelto 123D Design perché difficilmente i posti in cui tengo lezione sono raggiunti da Internet. 123D Design è un programma lievemente più complesso rispetto a TinkerCAD, ma è pur sempre un CAD, semplificato, pensato per essere rapido ed efficace. Mi sono accorto però che non era disponibile nessuna guida, neppure un manuale. Solo dei video tutorial e nulla in italiano.

Ecco il perché di questo libro.

Struttura del libro

Questo libro è un manuale per imparare ad utilizzare 123D Design e per apprendere le nozioni base del disegno e della stampa in 3D. È un manuale per principianti. Nel prossimo capitolo, il secondo, vedremo più da vicino il programma 123D Design e realizzeremo un semplice disegno. Nel terzo capitolo impareremo a destreggiarci nello spazio a tre dimensioni. Nel quarto capitolo modificheremo le dimensioni dei solidi presenti sulla scena e nel quinto capitolo scopriremo i solidi di base disponibili in 123D Design. Vedremo come unire e combinare gli oggetti (sesto capitolo), come deformarli (settimo capitolo), tagliarli (ottavo capitolo). Il capitolo nove è dedicato al disegno in due dimensioni. Nel decimo capitolo genereremo nuovi solidi con estrusioni e rotazioni e nell'undicesimo impareremo a moltiplicare gli oggetti senza fatica. Parleremo di stampa in 3D nel dodicesimo capitolo e vedremo come realizzare qualche semplice oggetto nel capitolo tredici.

2
123D Design

Ho scoperto 123D Design mentre cercavo un programma semplice e abbastanza intuitivo da utilizzare per un corso sulla stampa 3D.

123D Design è un CAD[2], cioè un software per disegnare con il computer; in particolare 123D Design è specializzato per il disegno in tre dimensioni.

È un programma gratuito, distribuito da Autodesk e adatto per creare oggetti tridimensionali che poi saranno realizzati con una stampante 3D. A differenza dei programmi professionali, ha un'interfaccia molto semplice, senza tutte le complesse funzioni che hanno di solito questo tipo di applicativi, pur offrendo tutto quello che è necessario per creare disegni anche complicati.

È possibile installarlo sul proprio computer, su tablet oppure utilizzarlo direttamente on-line, con un browser, visitando l'indirizzo Internet: www.123dapp.com/design

Per utilizzare al meglio il programma è meglio procurarsi un mouse a due pulsanti dotato di rotellina per lo zoom.

---

2   CAD sta per Computer Aided Design.

Una volta che il programma è in esecuzione, vedremo al centro della finestra una griglia. È il piano di riferimento su cui disporremo gli oggetti virtuali: il piano degli assi x e y.

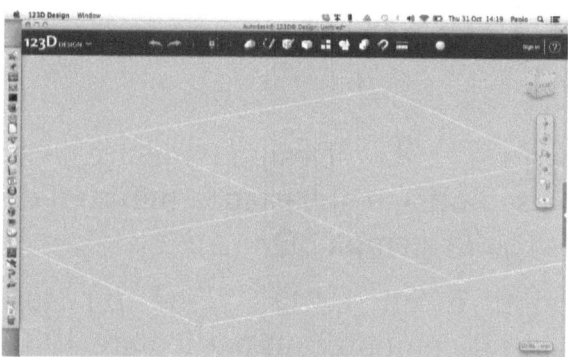

Dovremmo avere qualche vago ricordo dai tempi della scuola. Per identificare un punto su un piano ci servono due coordinate, la x e la y. Se il punto è nello spazio le coordinate necessarie sono tre. La terza coordinata, la z, è l'altezza del punto rispetto al piano definito dagli assi x e y.

È importante avere dei punti di riferimento e con 123D Design non è immediato trovare un punto, un'ancora, cui appigliarsi. Sembra che tutto sia relativo! A questa situazione di apparente instabilità possiamo porre rimedio con alcuni accorgimenti che verremo nei prossimi capitoli. Anche l'esperienza aiuta, e una volta presa confidenza con il programma, l'iniziale sensazione di smarrimento scomparirà.

Hello Cube!

Proviamo a realizzare subito il nostro primo oggetto tridimensionale: un semplice cubo.

Collocheremo il cubo nella **scena**, cioè la visualizzazione corrente che il programma fornisce dello spazio. Appena avviato 123D Design[3], la scena è vuota, vi compare solo la griglia di riferimento. Appoggeremo il cubo sulla griglia.

Il **menu principale** è collocato lungo una barra di colore blu, nella parte superiore della finestra. Scorrendo il mouse sulle icone, compaiono i nomi delle funzioni e si aprono dei sotto menu.

A noi interessa la voce **Primitives**: è quella che ha un'icona con una sfera e un cubo. Nel sotto menu che si apre, facciamo clic sul disegno del cubo o **Box**.

---

3   Se il programma è installato sul computer all'avvio comparirà una piccola finestra con il nome del programma e i quick start tips.

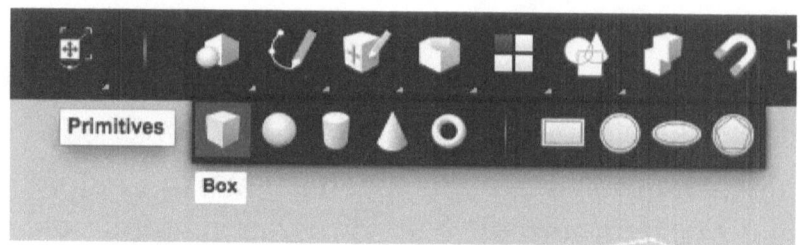

Nella scena apparirà un cubo grigio, semi trasparente. Il cubo segue il cursore e scorre sulla griglia. Decidiamo in che posizione lasciarlo e facciamo un clic con il tasto sinistro del mouse.

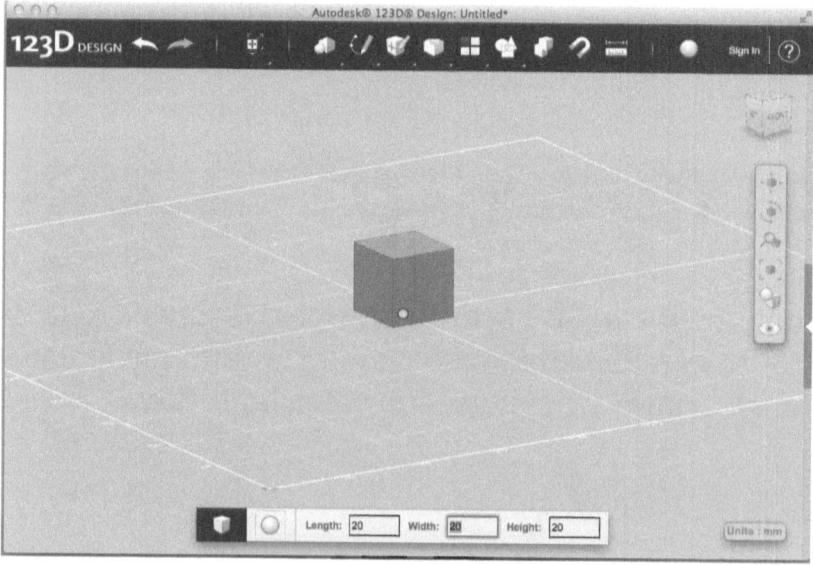

Il cubo, collocato nella scena, acquisterà un colore più scuro.

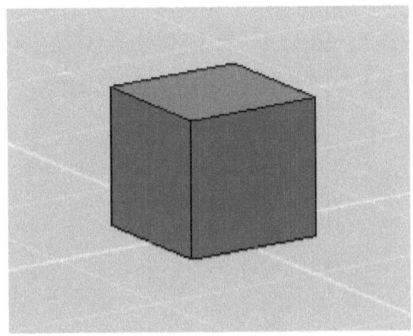

Il solido è incollato alla griglia orizzontale. Possiamo trascinarlo con il mouse portando il cursore sopra al solido e poi muovendo il mouse senza lasciare il pulsante (quest'operazione in inglese si chiama **drag**).

Proviamo a modificare il punto di vista sulla scena. Possiamo farlo perché la scena è come se fosse l'inquadratura di una telecamera. 123D Design ci permette di spostare la telecamera a nostro piacimento.

Il primo tipo di movimento che possiamo fare è chiamato **Orbit** e permette di ruotare la telecamera attorno a quello che abbiamo disegnato. Attiviamo *Orbit* spostando il mouse e tenendo il tasto destro premuto. Il cursore si trasformerà in due piccole frecce circolari e la scena inizierà a ruotare.

Possiamo ingrandire o ridurre la visuale con lo **Zoom**: attivabile con la rotellina del mouse.

Possiamo spostare tutta la scena con il comando **Pan**. Proviamo a trascinare il mouse tenendo premuto il tasto centrale o la rotellina dello zoom.

Nel caso non avessimo un mouse, possiamo modificare la visualizzazione della scena utilizzando la **barra laterale**. È sempre presente sul lato destro della finestra principale.

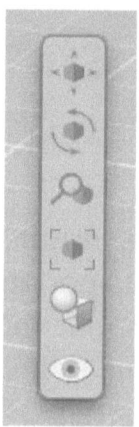

Dall'alto verso il basso troviamo: **Pan**, **Orbit**, **Zoom**, **Fit**, **Materials/Outlines**, **Solids/Sketches**.

Per utilizzare le prime tre funzioni clicchiamo l'icona e poi facciamo drag con il mouse sulla scena. **Attenzione!** In questo caso il drag si fa sempre con il tasto sinistro.

La funzione **Fit**, centra e ingrandisce gli oggetti nella finestra.

Ogni figura è composta da facce e spigoli, cioè i bordi, che sono disegnati con delle linee nere. Possiamo rendere gli oggetti trasparenti e visualizzare solo i loro contorni con la funzione **Materials/Outlines**, scegliendo l'opzione: **Outines only**.

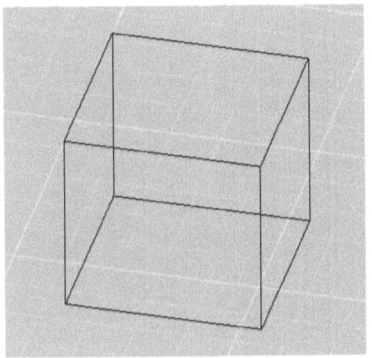

Materials only farà scomparire i bordi, mostrando solo i materiali.

L'ultima funzione, **Solids/Sketches**, si utilizza per nascondere o visualizzare solidi e *sketches*. Gli *sketches* sono disegni in due dimensioni che vedremo in uno dei prossimi capitoli.

Nell'angolo superiore del menu principale troviamo un punto interrogativo: passandoci sopra il mouse, si srotolerà una tendina con un ventaglio di possibilità.

Quick Start Tips apre una finestra in cui troviamo alcuni file di esempio e dei consigli sull'utilizzo del programma.

Il menu presenta poi dei link al sito di 123D Design, al Blog, al Forum, oltre che dei video tutorial in lingua inglese.

Lungo il bordo destro della finestra c'è una piccola freccia. Cliccando sulla freccia si apre un pannello che riporta molti modelli pronti all'uso.

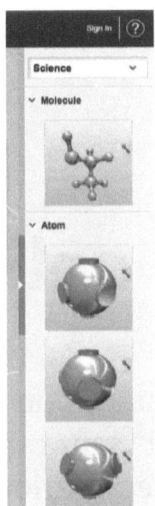

Sono parti meccaniche o elettriche e possono servire come esempio o punto di partenza per costruire oggetti complessi. Gli elementi sono ordinati in categorie.

3

Primi passi nello spazio

La prima cosa da imparare con un programma CAD è capire come muoversi senza perdere l'orientamento. Mentre disegniamo, è necessario osservare gli oggetti da varie direzioni e per farlo bisogna prendere un po' di confidenza con viste e spostamenti.

Il view cube

Nella finestra di 123D Design, nell'angolo superiore destro, è sempre presente il **View Cube**, uno strumento per modificare la visualizzazione della scena in modo molto preciso.

Passandoci sopra il cursore, il cubo si attiva colorando alcune delle sue parti, (vertici, spigoli, facce), in azzurro. Se clicchiamo sulla zona evidenziata, imposteremo la vista corrispondente.

Possiamo ruotare il *View Cube* trascinandolo con un drag con il taso sinistro del mouse: il cubo ruoterà e la scena lo seguirà. Con un clic su una faccia, imposteremo una vista di tipo ortogonale.

I piccoli triangoli che appaiono ai lati del view cube servono per visualizzare la corrispondente faccia, al momento non visibile.

L'icona a forma di casetta – posta in alto a sinistra – corrisponde al comando **Fit**: centra e ingrandisce la figura corrente.

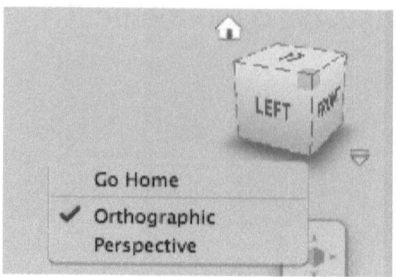

In basso a sinistra troviamo una piccola freccia che apre un menu contestuale:

Go Home è l'equivalente del comando *Fit*.
Orthographic e **Perspective** si usano per attivare o disattivare la vista prospettica.

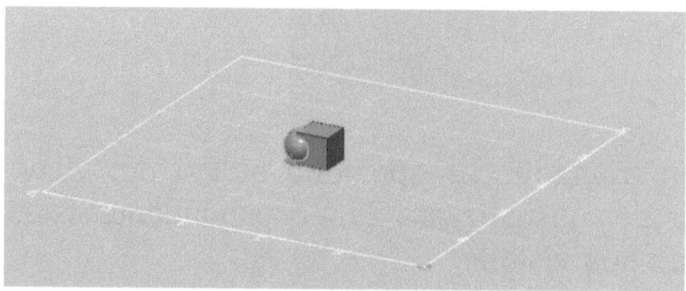

Nella vista prospettica abbiamo uno o due punti di fuga e le linee sembrano unirsi all'orizzonte.

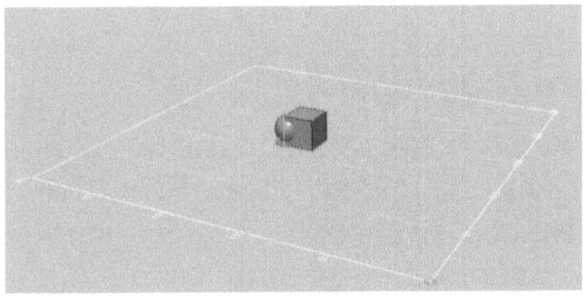

Unità di misura

Il cubo che abbiamo disegnato nel capitolo due ha un lato da venti millimetri. Se lo stampassimo, otterremmo un cubo da due centimetri di lato. Nell'angolo inferiore destro della finestra principale è presente l'indicatore dell'unità di misura attualmente utilizzata.

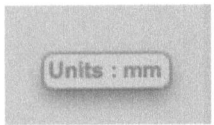

L'indicatore dovrebbe essere impostato su millimetri (mm). Passiamo il cursore sull'indicatore per aprire un piccolo menu a tendina in cui scegliere l'unità di misura: millimetri (mm), centimetri (cm) o pollici (in).

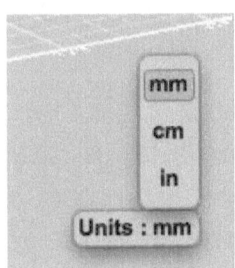

Modificare le dimensioni

Come abbiamo visto, è molto semplice disegnare un cubo: facciamo un clic sul menu **Primitive**, scegliamo **Box** e mettiamo il cubo dove preferiamo. Potremmo volere una figura differente o un cubo più grande o più piccolo. Creiamo un nuovo cubo, ma aspettiamo un attimo prima di collocare il cubo sulla griglia. Lungo il lato inferiore della finestra di 123D Design appare un menu che riporta le dimensioni del solido che stiamo per disegnare. Possiamo modificare i valori riportati nelle caselle di testo e ottenere una figura con dimensioni a piacere.

La prima casella, **Length**, è già evidenziata: scriviamo il numero cinque e poi premiamo il tasto TAB. Scriviamo il numero venticinque nella casella **Width** e infine il numero sessanta nella casella **Height**. Il cubo si trasformerà in un parallelepipedo a base rettangolare, alto sei centimetri.

La seconda icona del menu, quella con la sfera, attiva una funzione utile per modificare colori e materiali dei solidi.

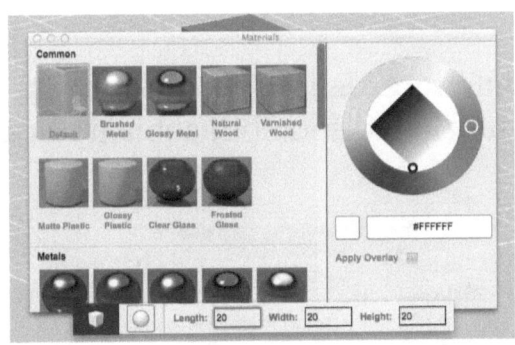

Usare i colori può essere utile per distinguere meglio le diverse parti del nostro oggetto.

Possiamo intervenire sulle dimensioni del cubo anche dopo che questo è stato disegnato. Prima di tutto spostiamo il cursore sopra l'oggetto che diventerà di colore più chiaro, quindi facciamo clic con il tasto sinistro del mouse. Se l'operazione è andata a buon fine, i contorni del cubo saranno diventati azzurri.

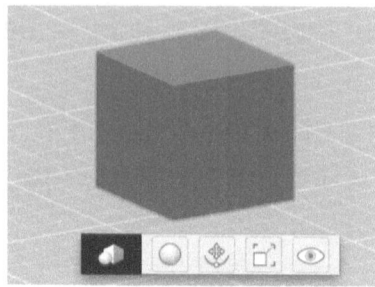

Nella parte inferiore della finestra apparirà un nuovo menu. Tra le funzioni disponibili abbiamo **Scale**.

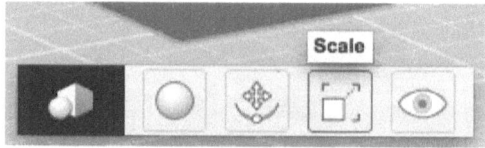

Attiviamo *Scale* con un clic: il menu cambia ancora.

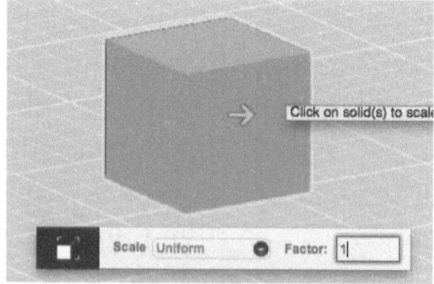

Modifichiamo il valore numerico nella casella **Factor**, digitando, per esempio, il numero due. Il cubo si gonfierà magicamente, raddoppiando le sue dimensioni.

Per dimezzare le dimesioni dobbiamo inserire il numero: 0.5. Notiamo che sul cubo è comparsa una piccola freccia: possiamo trascinarla, tirandola o spingendola, modificando le dimensioni a piacimento.

Nel menu troviamo scritto **Scale Uniform**: tutte le dimensioni del solido saranno scalate dello stesso valore. Impostiamo la modalità **Not Uniform**. Il menu cambierà e ora avremo tre caselle di testo, una per ogni dimensione, in modo da poter modificare i tre assi in modo indipendente.

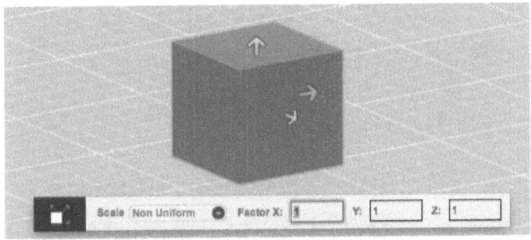

Con **Scale Non Uniform**, sulla figura, avremo tre frecce trascinabili, utili per modificare le dimensioni "a occhio".

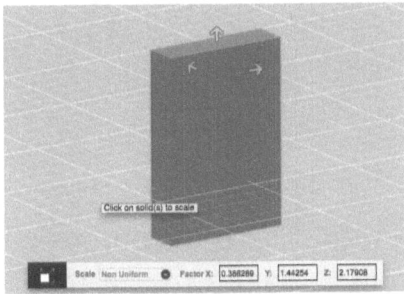

4

Spostare gli oggetti

Creando oggetti complessi, ci capiterà spesso di disporre i solidi e poi di doverli spostare. Un po' come in un cantiere dove alcune parti sono preparate in un angolino, rifinite e infine collocate nella posizione finale. In questo capitolo vedremo come spostare solidi, ma anche come replicarli e fonderli insieme.

Operazioni di base

Aggiungiamo due cubi alla scena; il primo con il lato da venti millimetri e il secondo da quaranta millimetri.

Ora proviamo a modificare la composizione e mettere a contatto i due cubi. È facile spostarli sullo stesso piano: ne selezioniamo uno e lo trasciniamo. Il cubo si sposterà restando incollato alla griglia bianca del piano X-Y.

Come **selezioniamo una figura**? Cliccandoci sopra. I contorni della figura selezionata saranno colorati in azzurro.

Come possiamo **annullare la selezione su una figura**? Clicchiamo in un punto vuoto della scena: i contorni del solido torneranno di colore nero.

Quando selezioniamo un cubo, sul fondo della finestra comparirà un piccolo menu che serve per:

- modificare il materiale dell'oggetto,
- spostare l'oggetto (**Move**),
- ridimensionare l'oggetto (**Scale**),
- nascondere l'oggetto (**Hide**).

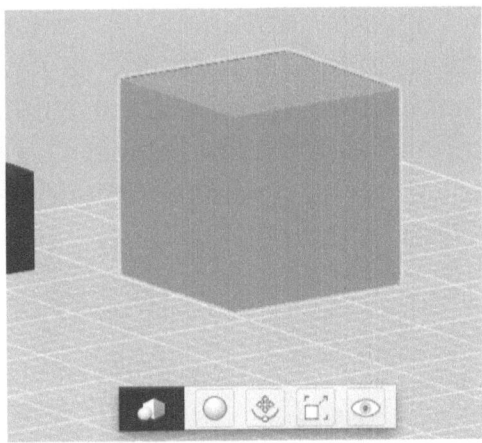

Per spostare il cubo in una nuova posizione, facciamo un clic sulla voce **Move**.

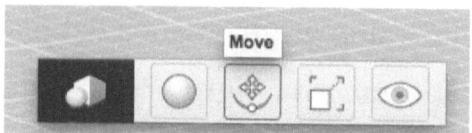

Sul cubo appariranno una serie di frecce e archi. Spostiamo il cursore sopra uno di questi piccoli simboli: trascinandoli, possiamo modificare la posizione e l'orientamento del cubo.

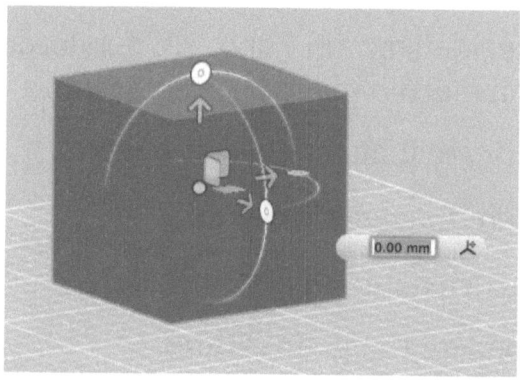

Trascinando una delle frecce è possibile spostare la figura lungo una sola direzione. Possiamo impostare degli spostamenti precisi utilizzando la casella di testo che appare vicino al cubo. Per esempio possiamo sollevare il cubo di quindici millimetri. Lo spostamento sarà sempre relativo alla posizione attuale della figura.

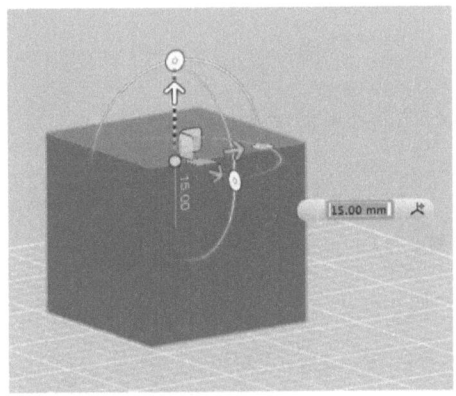

Trascinando uno dei rettangolini possiamo muovere la figura su un piano, cioè solamente su due assi. In questo caso le caselle di testo per modificare la posizione sono due.

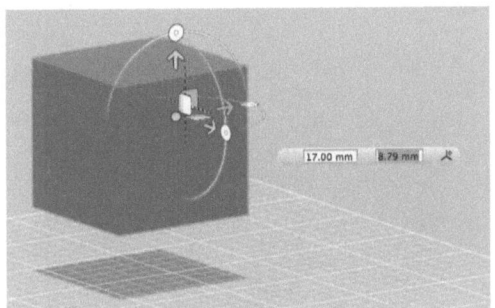

Con un clic sulla "pallina" centrale il movimento è libero e l'oggetto si muove in tre dimensioni. Collocarlo in modo preciso, in questo tipo di visualizzazione, è molto difficoltoso.

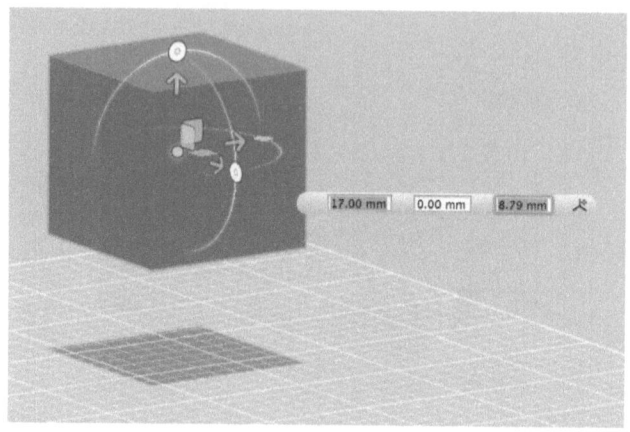

Le caselline di testo ora sono tre e possiamo inserire i valori degli spostamenti relativi lungo gli assi x, y e z.

I piccoli dischi disposti sugli archi servono per ruotare l'oggetto.

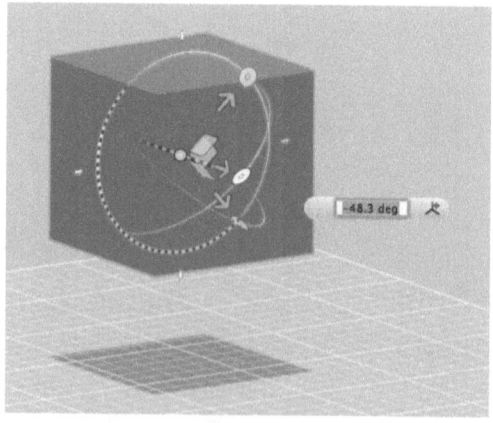

Anche in questo caso possiamo ruotare in modo "libero" trascinando i dischetti, oppure possiamo digitare l'angolo di rotazione desiderato nella casella di testo (da 0° a 360°, anche con valori negativi).

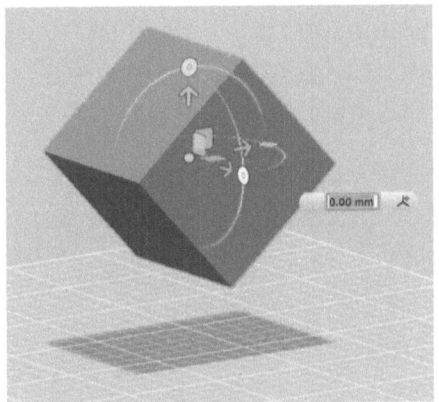

La funzione **Scale** è stata illustrata nel capitolo precedente.

Se clicchiamo **Hide,** l'oggetto scomparirà. Per farlo ricomparire bisogna scegliere **Show solids** dalla barra laterale che troviamo sulla destra della finestra principale del programma.

Selezionare oggetti, facce, spigoli e vertici

Per selezionare un oggetto portiamo il cursore sopra alla figura e facciamo un clic. Gli oggetti selezionati presentano un "alone" azzurro.

Possiamo selezionare anche più oggetti contemporaneamente tenendo premuto il tasto **SHIFT** e facendo un clic sugli oggetti.

È possibile selezionare un intero gruppo di oggetti con il **drag** di un'area della scena che li contenga tutti.

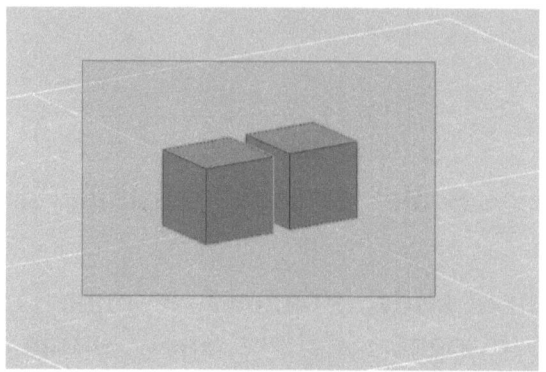

A volte è necessario selezionare solo una parte di un oggetto: una faccia, uno spigolo o un vertice. Le prime volte che ci ho provato ho avuto qualche difficoltà perché una volta selezionato il solido, sarebbe naturale fare un secondo clic sulla parte del solido che vorremmo selezionare. Invece facendo così non accade nulla. Per selezionare una faccia o un vertice è necessario:

- selezionare l'oggetto intero (l'oggetto si contorna di azzurro);

- spostare il cursore fuori dall'oggetto;

- portare il cursore sopra alla faccia, vertice o lato che vogliamo selezionare (la sotto-parte si colorerà in modo differente);

- confermare con un clic la selezione.

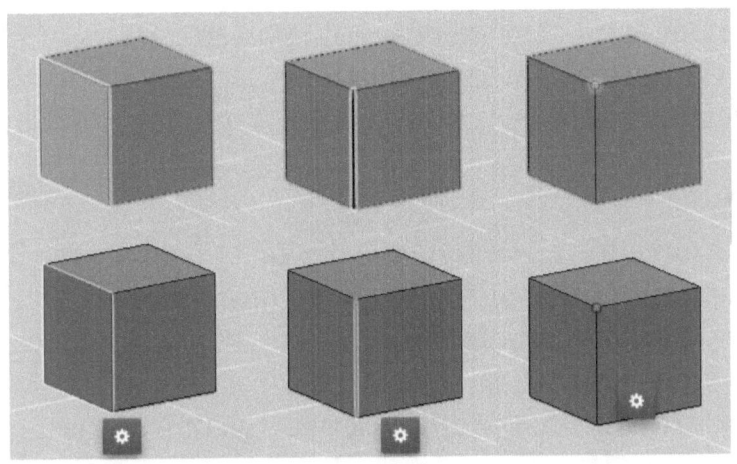

Il copia e incolla

Come ci saremmo aspettati, anche nel mondo tridimensionale è possibile utilizzare il copia e incolla! Selezioniamo un solido e poi premiamo **CTRL + C** e poi **CTRL + V** (o MELA + C e MELA + V su mac). Appariranno frecce e cerchi, come quando attiviamo la funzione per spostare gli oggetti.

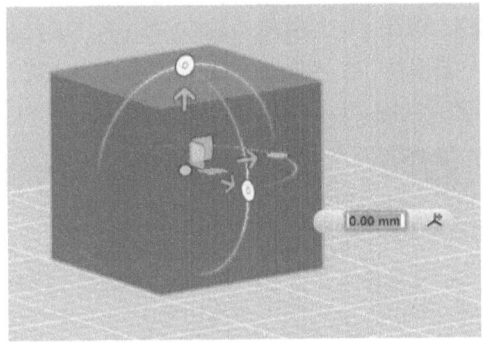

123D Design ha creato una copia del solido, perfettamente sovrapposta alla figura originale. Proviamo a spostarlo... ed ecco che il solido copiato resterà al suo posto mentre noi sposteremo il suo clone. Non è prevista una funzione "taglia", perché è sufficiente spostare l'oggetto come sappiamo già fare.

Lo snap!

Ogni oggetto è composto da un insieme di forme elementari. Nulla di nuovo, perché il nostro cervello è naturalmente predisposto a riconoscere oggetti scomponendoli in un insieme di forme base chiamate geoni (o geons), cioè icone geometriche (Irvin Biederman, 1985).

Per creare un oggetto complesso è naturale combinare alcune forme base (le primitive in 123D Design).

Abbiamo visto come collocare un oggetto nella scena e come spostarlo. Immaginiamo di voler disegnare un pezzo meccanico complesso, formato da più elementi, magari un ingranaggio. Abbiamo preparato i denti e dobbiamo incollarli al corpo dell'ingranaggio, spostandoli uno per uno.

123D Design mette a disposizione la funzione **Snap** per incollare all'istante le facce di due oggetti: la troviamo nel menu principale con una calamita per icona.

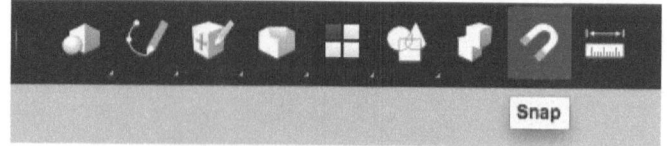

Lo **Snap** si attiva automaticamente anche ogni volta che un nuovo oggetto è aggiunto alla scena (in questo caso si parla di **Autosnap**). Creiamo un cubo e disponiamolo sulla scena. Poi aggiungiamo un cilindro e spostiamo il cursore su una delle facce del cubo. La faccia si colorerà di blu e il cilindro si appiccicherà sulla faccia del cubo. Se a questo punto facessimo clic, il cilindro si incollerà alla faccia del cubo.

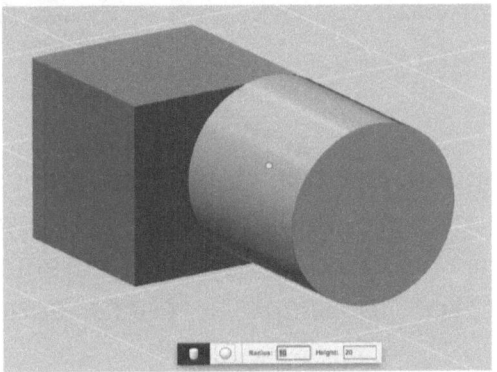

Proviamo ora a utilizzare la funzione **Snap**. Creiamo una nuova scena selezionando la voce **New** dal menu a tendina sotto alla scritta 123D Design.

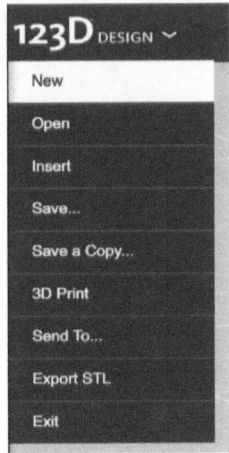

Ora disegniamo un cubo con il lato da venti millimetri e un secondo cubo con il lato da dieci. Attiviamo la funzione **Snap**.

Non accade nulla, ma non dobbiamo preoccuparci. Ora portiamo il cursore sulla faccia del primo cubo e facciamo clic (ci guiderà un rassicurante messaggio "clic on a face to snap" – clicca sulla faccia da incollare).

Ora cerchiamo il secondo cubo e facciamo clic anche su una delle sue facce. Potrebbe essere necessario modificare la visualizzazione della scena: aiutiamoci con il mouse o con il menu laterale usando *Pan* e *Rotate*.

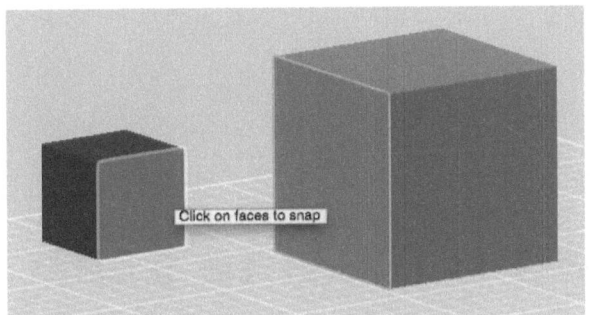

Appena fatto clic, le due figure si uniranno perfettamente. Vedremo la differenza tra oggetti combinati e raggruppati nel capitolo sei.

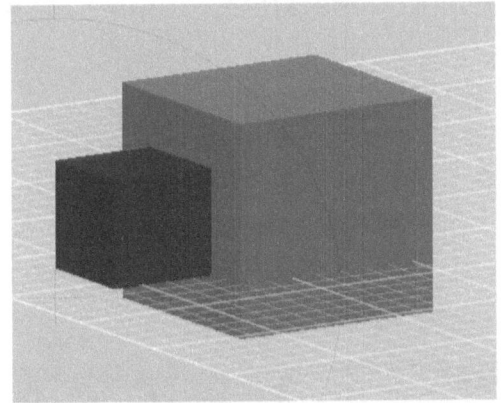

5

Ci siamo rotti le scatole?

Ci siamo stancati di disegnare cubi? Proviamo a esplorare le altre primitive offerte da 123D Design: abbiamo a disposizione sfere, cilindri, coni e anelli o toroidi.

Sfere

La primitiva **Sphere** non differisce molto dal cubo. Selezionando **Sphere** dal menu possiamo adagiare nella scena una sfera dal raggio di dieci millimetri.

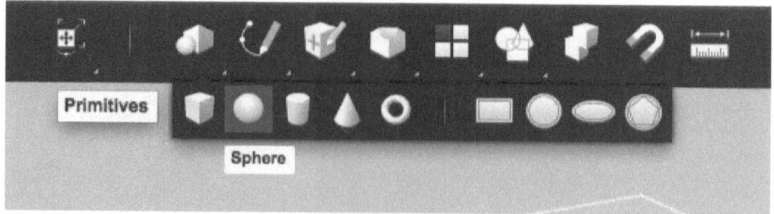

Come per il cubo, nella parte inferiore della finestra del programma, compare un menu in cui possiamo specificare un raggio o modificare il materiale.

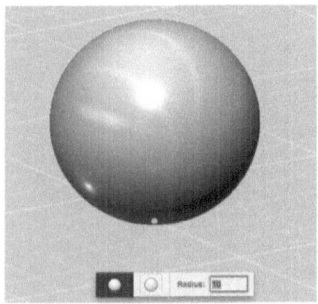

Una volta collocata, la sfera, acquisisce un colore più scuro.

Proviamo, per esercizio, a inserire nella scena una seconda sfera con il raggio di cinque millimetri.

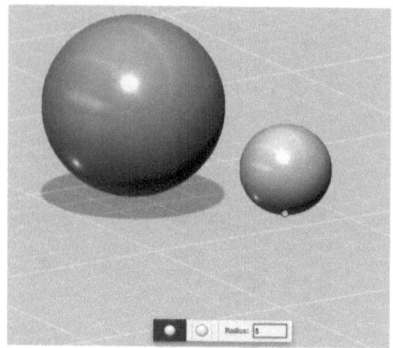

Cilindri

Troviamo la funzione per creare cilindri nel menu **Primitive**.

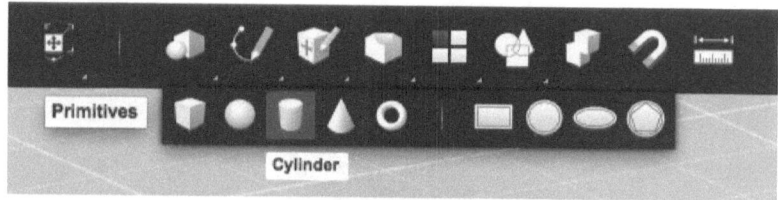

Il cilindro standard ha un raggio di dieci millimetri e un'altezza di venti.

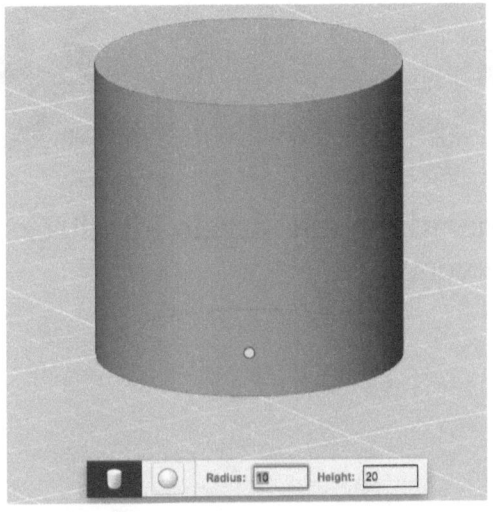

Con le caselle di testo nel menu contestuale possiamo modificare a piacere le dimensioni del cilindro.

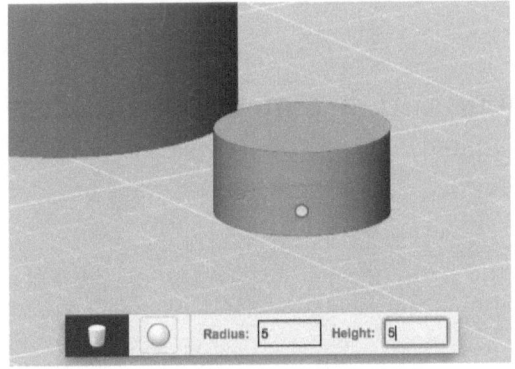

Coni

Anche i coni si trovano nel menu **Primitives**.

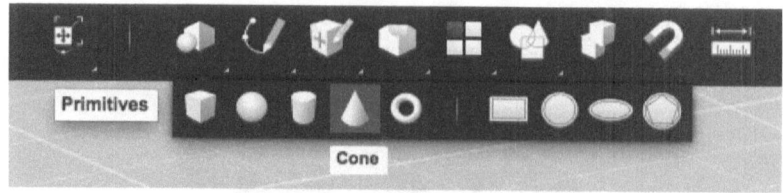

Il cono standard ha un raggio di dieci millimetri e un'altezza di venti.

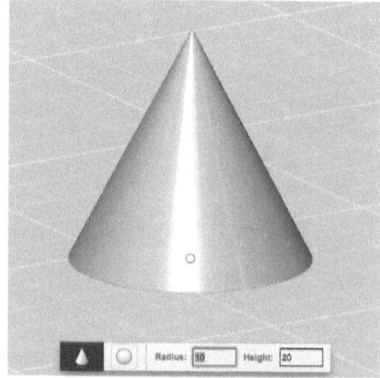

Possiamo modificare le dimensioni a piacere utilizzando le caselle di testo.

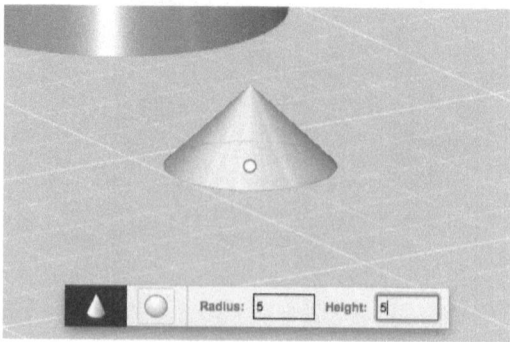

Anelli

Gli anelli o toroidi sono l'ultima figura solida del menu **Primitive**.

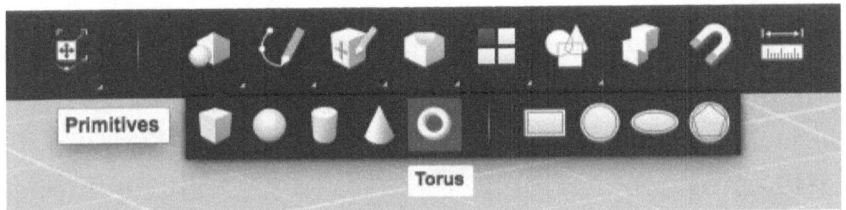

Per creare un anello servono due raggi: il primo definisce la larghezza della figura, il secondo, lo spessore del tubo.

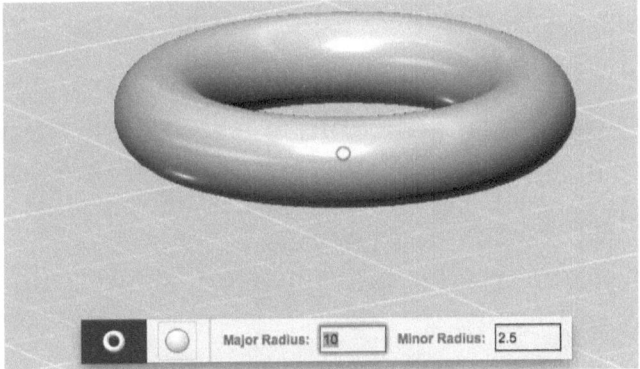

6

Me li hai proprio fusi!

Abbiamo imparato disegnare, spostare e ridimensionare molti tipi di figure geometriche. Con questi elementi possiamo comporre ogni tipo di forma, anche molto complessa, ma non siamo ancora pronti per stamparla perché gli oggetti che abbiamo combinato sono solo ravvicinati, a contatto, ma non fusi.

Oggetti stampabili

Perché un oggetto sia stampabile con una stampante 3D, è necessario che sia una figura unica e con particolari proprietà:

- sia **perfettamente chiuso** e senza fori (si dice che deve essere **watertight**, cioè senza perdite d'acqua);
- le normali alle sue superfici siano tutte rivolte verso l'esterno!

Che cosa vuol dire? Immaginiamo di prendere in mano una moneta. La moneta ha due facce: testa e croce. Le superfici che racchiudono un solido, sono un po' come le monete, hanno un "sopra" e un "sotto". La faccia superiore si indica con una freccia perpendicolare al piano del triangolo chiamata **normale**.

Possiamo scomporre una qualsiasi superficie, per quanto sia complessa, in un insieme di triangoli. Così come la superficie originaria, ogni piccolo triangolo ha una sua normale.

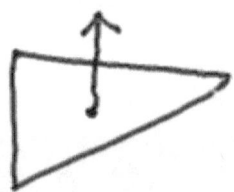

L'oggetto che abbiamo disegnato sarà stampabile se tutti i triangoli che lo compongono sono orientati nello stesso verso, cioè con le normali rivolte verso l'esterno, altrimenti la stampante non riesce a distinguere l'interno della figura dall'esterno. Lavorando con 123D Design, normalmente, non dobbiamo preoccuparci di questi particolari.

Amore al primo snap!

123D Design offre due strumenti per unire i solidi: **Grouping** e **Combine**.

Per fondere gli oggetti si usa il comando **Combine**. In questo modo i diversi oggetti diventano una figura unica, non più separabile.

Gli oggetti uniti con la funzione **Grouping** non sono fusi, ma sono solo raggruppati temporaneamente e considerati come un oggetto unico, ma ancora scomponibile nelle sue componenti. Gli oggetti raggruppati si possono separare in ogni momento.

Il **Grouping** è utile per raggruppare oggetti in modo non definitivo, al fine di compiere delle operazioni su tutto il gruppo di forme anziché su ogni singolo membro.

Un metodo per raggruppare dei solidi è quello di utilizzare le funzioni di **Snap** e **Autosnap** (capitolo quattro).

Troviamo il comando **Group** nel menu principale.

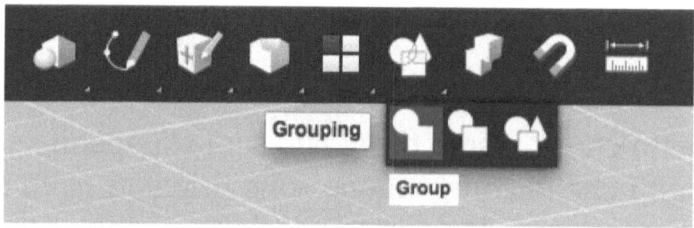

Disponiamo alcuni cubi sulla scena e attiviamo la funzione **Group**. Ora clicchiamo sui cubi che vogliamo raggruppare: i solidi si coloreranno di blu. Per selezionare più solidi, teniamo premuto il tasto SHIFT mentre facciamo clic sulle figure. Alla fine premiamo **INVIO** o facciamo clic in un punto libero della scena. Le figure selezionate torneranno di colore grigio. Proviamo a trascinare una figura: si muoveranno tutte insieme.

Per liberarli dall'incantesimo attiviamo con un clic la funzione **Ungroup** e poi clicchiamo il gruppo di oggetti da liberare.

Ogni forma tornerà libera.

Vediamo come utilizzare la funzione **Ungroup All**.

Potremmo creare un gruppo di oggetti e poi a sua volta raggrupparlo con altre forme o raggruppamenti. Per liberare in un colpo solo tutti gli oggetti di serie di raggruppamenti, usiamo la funzione **Ungroup All**. Gli oggetti raggruppati non devono necessariamente essere a contatto.

Combine

Vediamo come usare la funzione **Combine** per fondere più figure in un unico oggetto adatto per essere stampato. La funzione **Combine** richiede che i solidi siano in contatto tra di loro.

Dopo aver fatto un clic su **Combine**, comparirà sulla scena un particolare menu che serve a ricordarci quali informazioni fornire alla funzione.

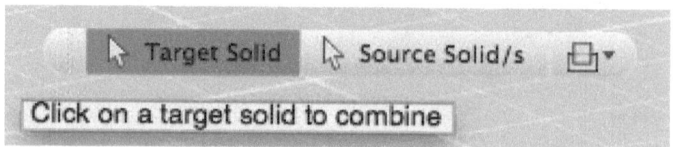

A **Combine** servono due solidi: un *target* e un *source*. Poi dovremo anche specificare il metodo con cui saranno combinate le figure, infatti possiamo unirle, ma anche sottrarle o intersecarle. Il risultato sarà sempre un solido unico.

Disegnamo due cubi di dimensioni differenti e spostiamoli in modo che siano a contatto tra di loro. Attiviamo **Combine**, quindi scegliamo la prima forma con un clic.

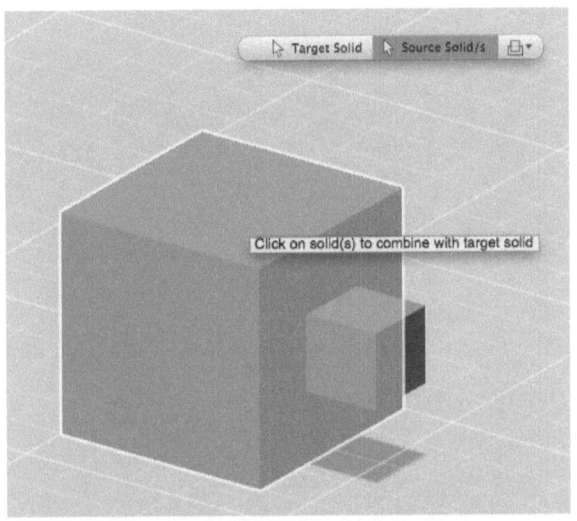

Il solido si colora di azzurro. Selezioniamo ora la seconda figura, il *Source Solid*, con un clic.

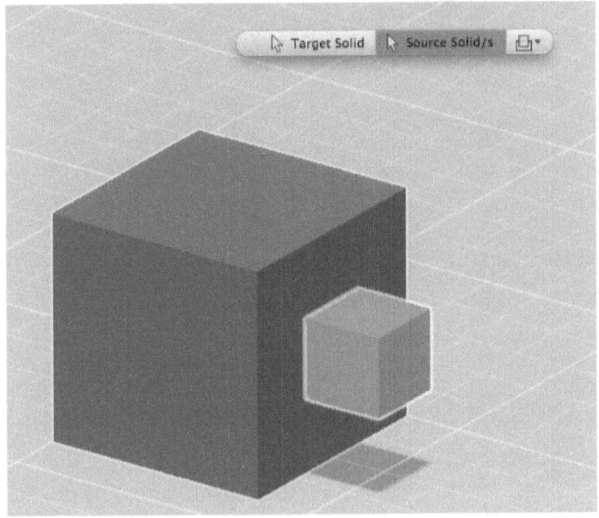

Il comportamento di default della combine è di unire le forme (**Join**).

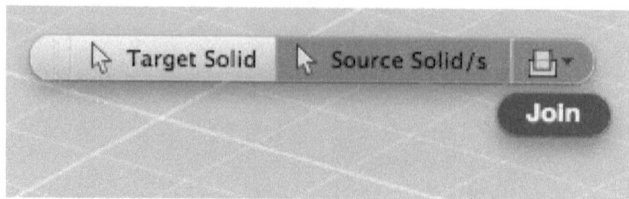

Premendo INVIO, o cliccando in un punto libero della scena, le forme si fonderanno.

Possiamo modificare il comportamento della combine e sottrarre o intersecare i due solidi.

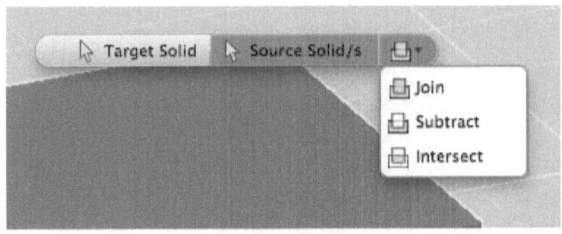

La sottrazione ha l'effetto mostrato nella figura seguente.

L'intersezione preserva solo i volumi in comune tra i due solidi.

7
Realtà distorta

La potenza di 123D Design è quella di offrire semplici strumenti per modificare le figure tridimensionali. Possiamo creare nuove forme modificando le forme base., tirandole, scavandole o deformandole.

Modificare i solidi

È possibile agire su facce, spigoli e vertici degli oggetti. Disegniamo un cubo e selezioniamo una delle sue facce:

- clicchiamo sul solido;
- il solido si contornerà di azzurro;
- spostiamo il cursore in un punto libero della scena;
- torniamo con il cursore sulla parte della figura che vogliamo selezionare e facciamo clic;
- la parte selezionata si evidenzierà.

Apparirà un piccolo menu con l'icona a forma di ingranaggio. Se selezioniamo una faccia, il menu presenterà tre possibilità: **Tweak**, **Press/Pull** e **Shell**.

Tweak si usa per orientare in modo differente la faccia selezionata. Sulla faccia apparirà una specie di goniometro, simile a quello utilizzato per spostare i solidi.

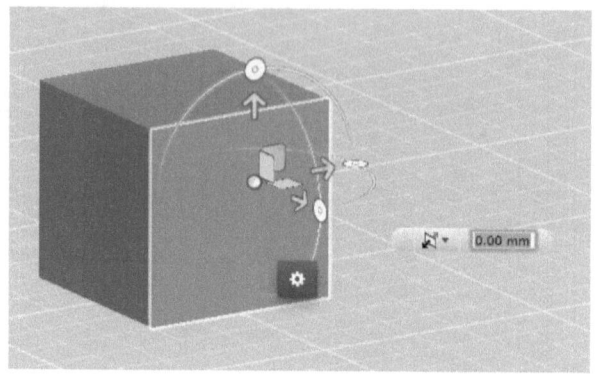

Possiamo trascinare le frecce, o gli elementi del goniometro, per spostare la faccia o ruotarla. Possiamo digitare valori precisi per rotazioni e spostamenti utilizzando le caselle di testo.

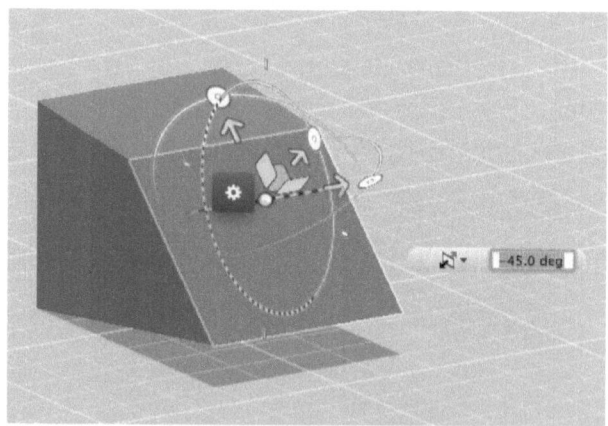

Il secondo strumento, **Press/Pull**, si utilizza per allungare o restringere il solido appena creato. Proviamo ad allungare il cubo, tirando la freccia comparsa vicino alla faccia.

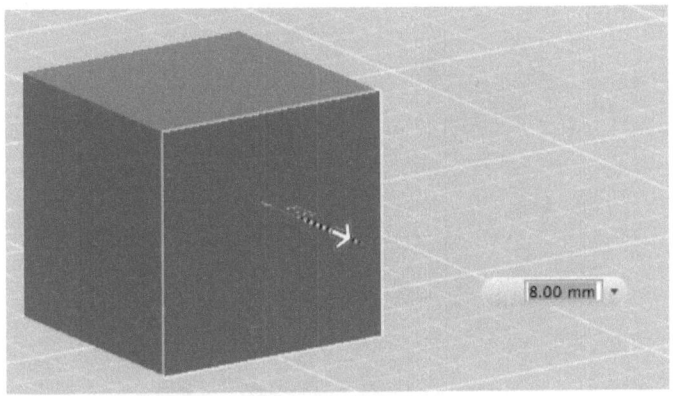

Shell serve per svuotare il solido.

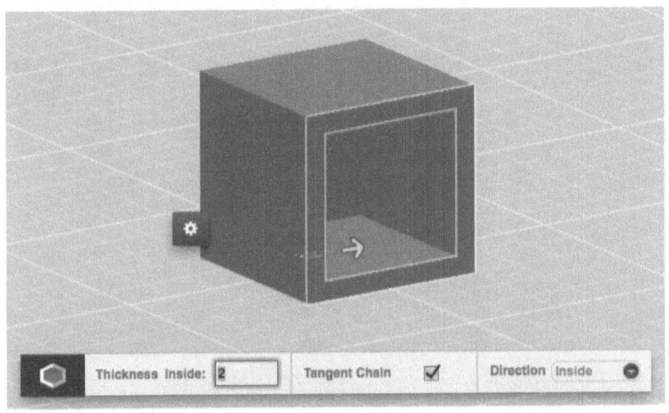

Agendo sulla freccia imposteremo lo spessore "a vista". Usiamo la casella di testo per specificare un valore preciso per lo spessore. Normalmente la cavità si crea verso l'interno del solido, rispettando la dimensione esterna della figura. Con **Direction** possiamo far crescere il foro all'esterno o a cavallo del perimetro.

Proviamo adesso a selezionare uno spigolo. Il menu contestuale ora ci offre: Tweak, Fillet e Chamfer.

Tweak modifica la posizione e l'orientamento dello spigolo.

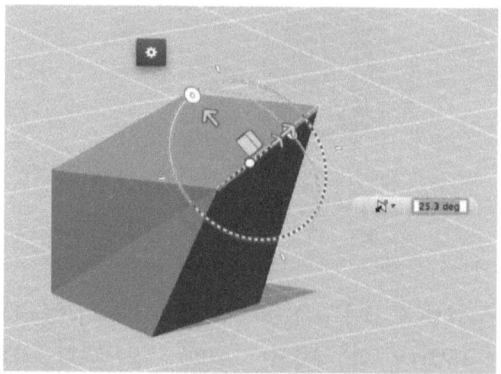

L'operatore **Fillet** si usa per arrotondare gli spigoli: tiriamo la freccia o digitiamo il raggio da utilizzare. È possibile modificare più spigoli contemporaneamente selezionandoli uno dopo l'altro con un clic e tenendo premuto SHIFT. Fillet sarà applicato a tutti gli elementi selezionati.

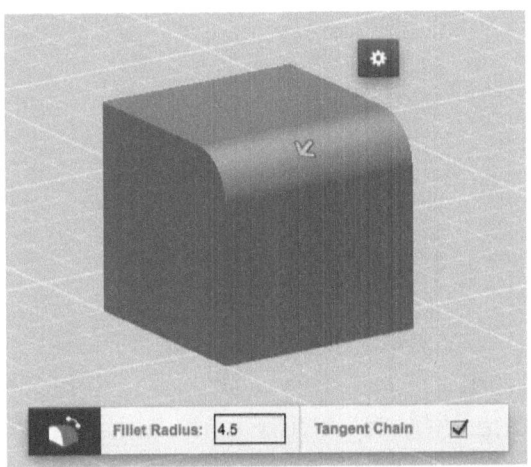

Chamfer è simile a Fillet, ma mozza lo spigolo invece di arrotondarlo.

8

Diamoci un taglio

Nuovi solidi possono nascere anche dalla divisione di oggetti esistenti. Vediamo come tagliare, sezionare o sottrarre materia dai solidi che abbiamo imparato a disegnare.

Analizzeremo le funzioni **Split Face** e **Split Solid**, che troviamo nel menu **Modify**. Gli altri strumenti presenti nel menu li abbiamo già incontrati nel capitolo precedente.

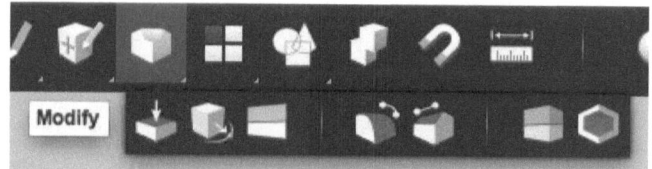

Split Face

Vediamo come dividere la faccia piana di un solido. Per incominciare, disegniamo un cubo e poi un segmento che divida una delle sue facce. Vediamo come fare per tracciare un segmento, anche se tratteremo in dettaglio le funzioni per il disegno piano nel capitolo nove.

Utilizziamo lo strumento **Polyline**, presente nel menu **Sketch**.

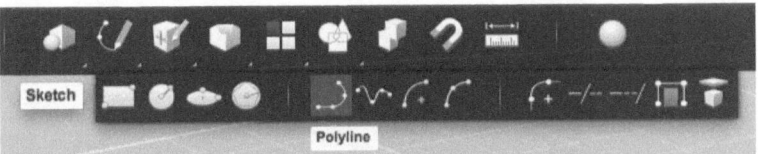

Dopo aver fatto clic su Polyline, spostiamo il cursore sopra a una delle facce del cubo.

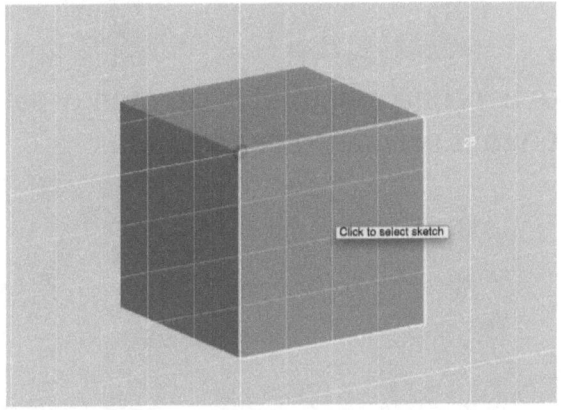

Noteremo subito uno strano fenomeno: il reticolo su cui è appoggiato il cubo si sposta e si adagia sulle facce su cui portiamo il cursore. Appare un messaggio: "**Click to select sketch**". Selezioniamo una faccia laterale del cubo con un clic.

Indichiamo il primo punto del segmento selezionando un punto lungo il perimetro della faccia.

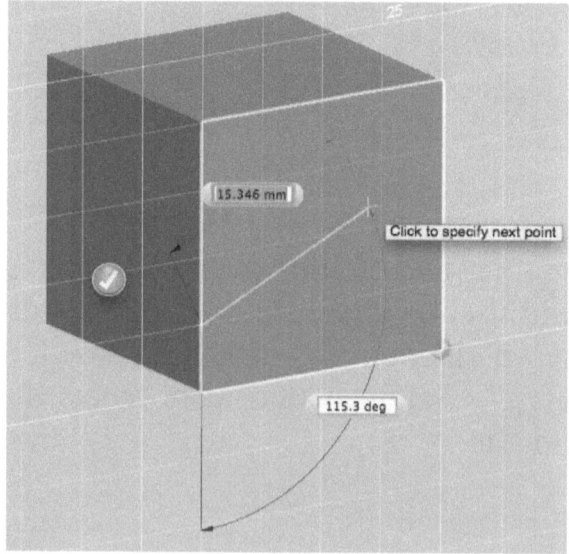

Scegliamo il secondopunto del segmento cliccando sul lato opposto, in modo che la linea tagli in due la faccia del cubo. Per interrompere la funzione PolyLine premiamo il tasto **ESC**.

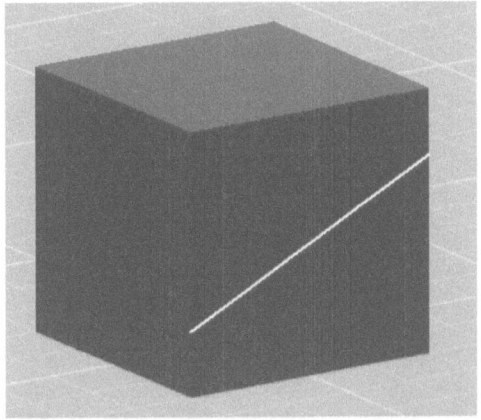

Il segmento apparirà in bianco. Ora abbiamo tutto quello che serve per utilizzare la funzione **Split Face**: un solido e un segmento adagiato su una faccia. Attiviamo la funzione.

Apparirà un menu contestuale che utilizzeremo per specificare la faccia da dividere e l'elemento da utilizzare per effettuare la divisione (**Splitting Entity**).

Selezioniamo con un clic la faccia del cubo su cui abbiamo disegnato il segmento.

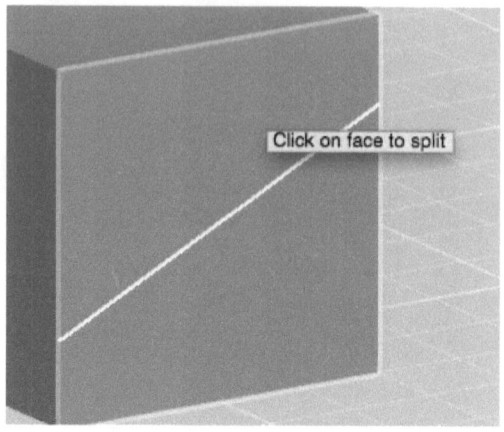

La faccia si colora in azzurro.

Ora selezioniamo **Splitting Entity** con un clic sull'indicatore.

Con un po' di pazienza, cerchiamo di fare clic sul segmento che abbiamo disegnato.

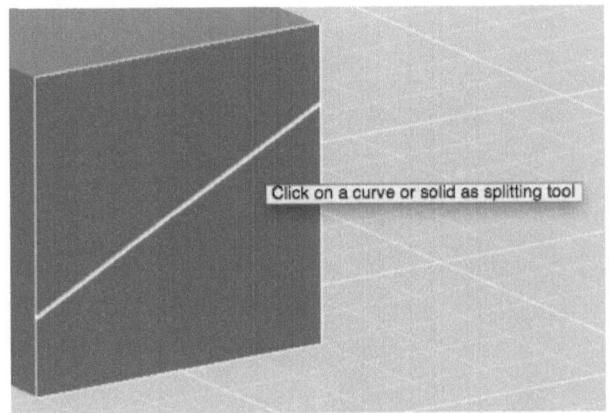

Apparirà un piano rosso, semitrasparente, per farci vedere come avverrà il taglio.

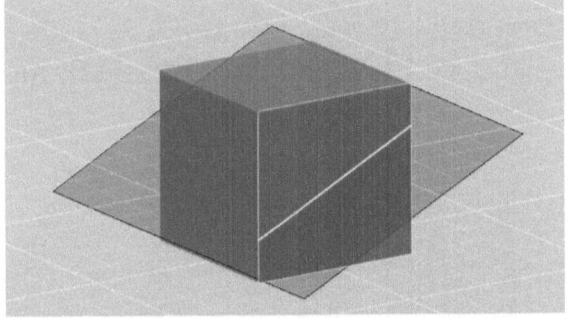

Confermiamo il sezionamento premendo il tasto INVIO (o con un clic sulla scena libera).

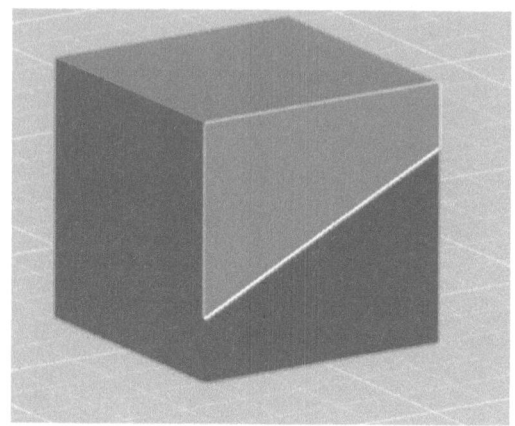

Eseguiamo una semplice verifica: selezioniamo una delle due parti della faccia. La nuova sezione si colorerà di azzurro e apparirà il menu contestuale di modifica.

Applichiamo la funzione **Press/Pull**.

Spingiamo la sezione e dovremmo ottenere un risultato simile a quello della figura seguente.

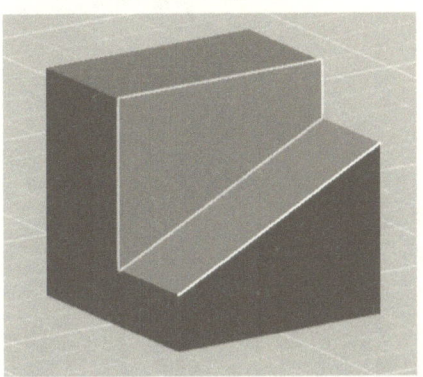

Split Solid

Per dividere una figura possiamo utilizzare anche altri solidi presenti sulla scena o creati temporaneamente per questo scopo. Ora proveremo a dividere un cubo utilizzando un secondo cubo.

Iniziamo disegnando due cubi.

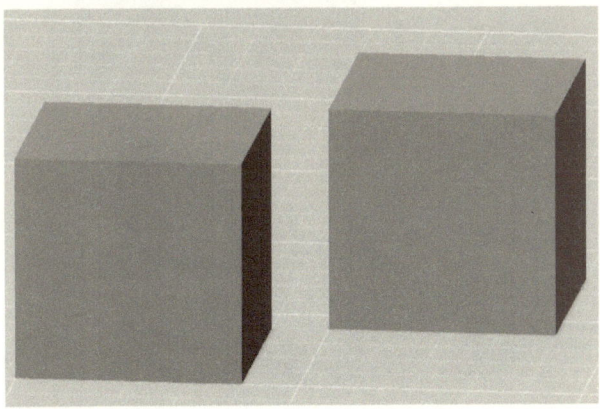

Ruotiamo il secondo cubo di quarantacinque gradi utlizzando la funzione **Move**.

Clicchiamo sul disco parallelo al piano e digitiamo il numero quarantacinque nella casella di testo.

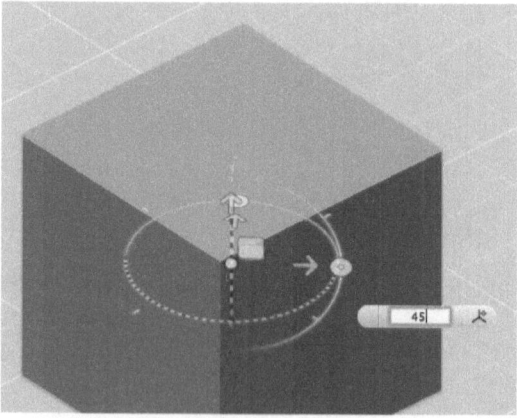

Dopo aver ruotato il cubo, spostiamolo in orizzontale, in modo che intersechi il primo solido.

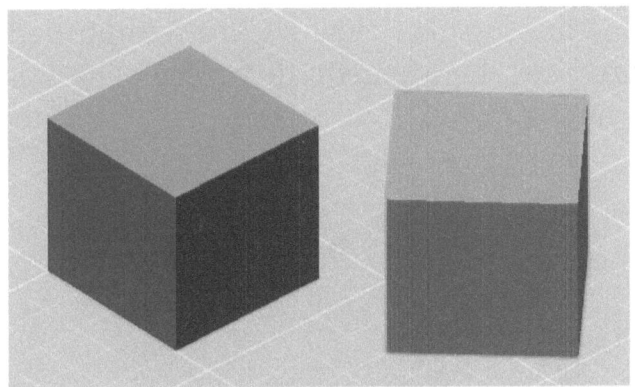

Per aiutarci nei movimenti usiamo il **View Cube**, impostando la vista dall'alto (**TOP**).

Con questa visualizzazione è semplice spostarli, in modo che siano disposti come nella figura seguente.

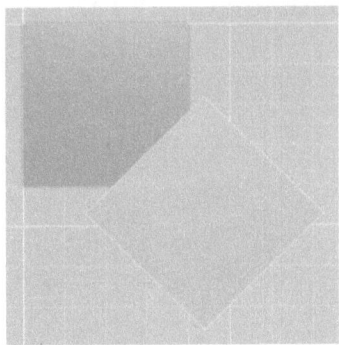

Con un drag sul View Cube impostiamo una visualizzazione che permetta di vedere bene i due solidi e la loro intersezione.

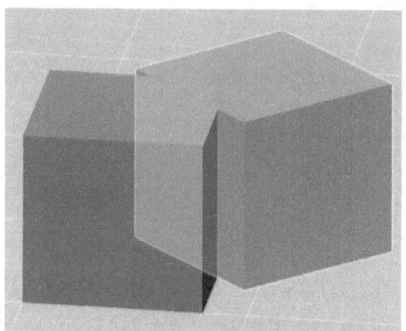

Attiviamo la funzione **Split Solid**.

Un indicatore ci aiuterà nelle selezioni.

Prima di tutto clicchiamo sul primo cubo e selezioniamo il solido da dividere.

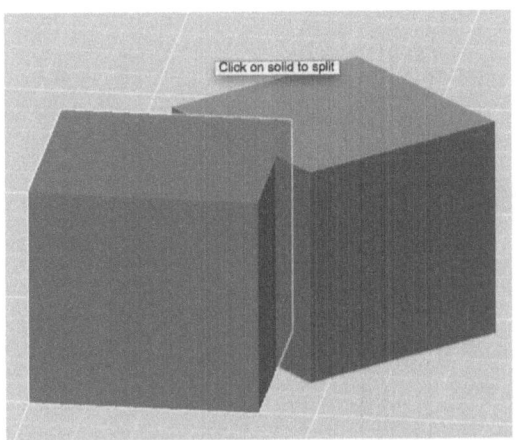

Poi clicchiamo su **Splitting Entity** per indicare l'elemento che useremo per dividere il primo solido.

Selezioniamo con un clic, la faccia del secondo cubo che interseziona il primo cubo.

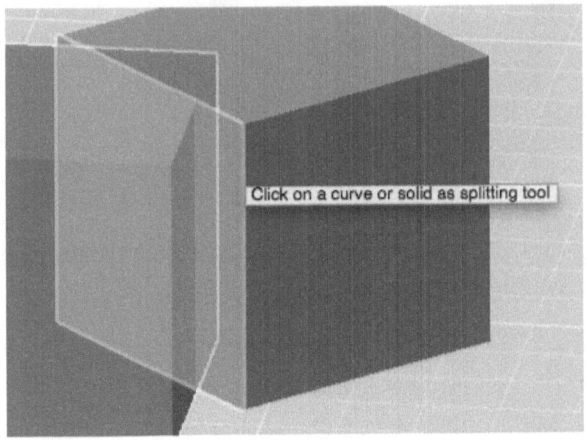

A seguito del clic, la faccia si colorerà di violetto.

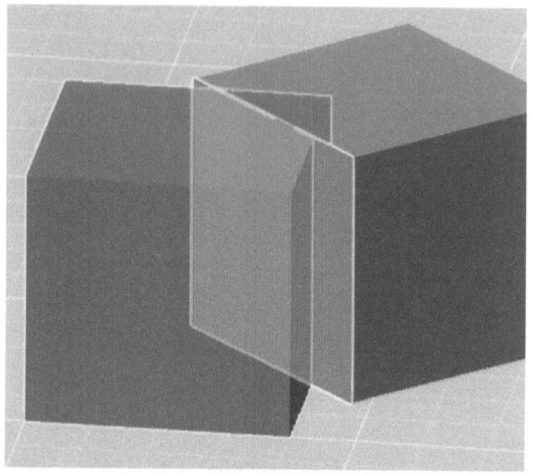

Confermiamo l'operazione premendo INVIO o con un clic sulla scena vuota. Spostiamo il secondo cubo ed eliminiamolo premendo CANC.

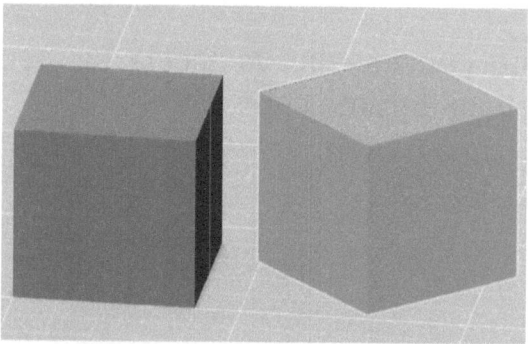

Osserviamo bene il primo cubo: si vedono delle sottili linee nel punto in cui i due solidi erano in contatto. Proviamo a trascinare l'angolo del cubo... eccolo diviso in due parti!

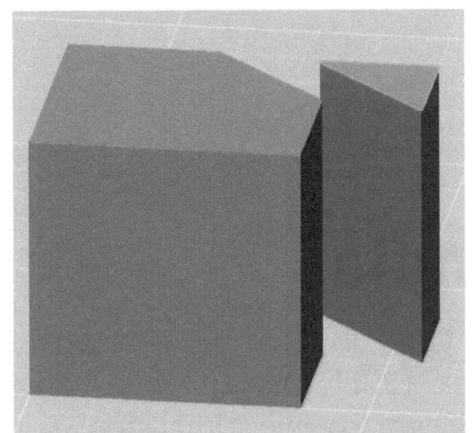

9

Flatlandia

Anche in un CAD a 3D è necessario disegnare figure piane, che in 123D Design sono chiamate **Sketch** (schizzi). I disegni su due dimensioni si utilizzano per creare profili, assi e sagome da utilizzare per creare nuovi solidi con estrusioni, tagli, rotazioni...

Disegnare in due dimensioni

Troviamo la voce **Sketch** nel menu principale del programma. Nella prima parte del menu Sketch troviamo quattro profili di base: rettangolo, cerchio, ellisse e poligono.

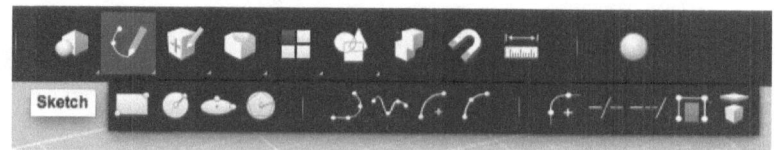

La funzione **Rectangle** si utilizza per tracciare un rettangolo specificando due vertici opposti.

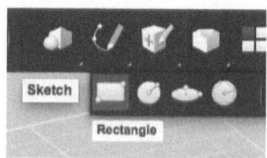

Gli sketch devono sempre essere disegnati su un piano di riferimento. La maggior parte delle volte il piano di riferimento è la griglia visibile sulla scena, ma possiamo anche disegnare sulla faccia di un solido.

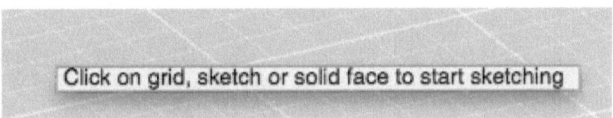

Nella figura seguente si vede il caso in cui sia stato selezionato come piano di disegno, la faccia verticale di un parallelepipedo. Una griglia di riferimento apparirà sulla faccia selezionata. Terminate le operazioni di disegno, ricomparirà la griglia principale.

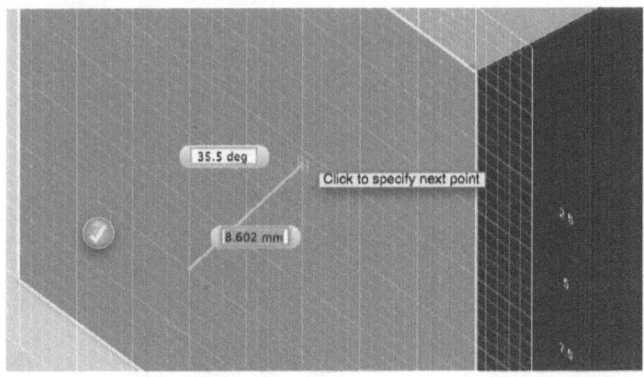

Proviamo a disegnare un rettangolo selezionando **Rectangle** e poi cliccando su un punto della griglia principale. Un avviso ci chiederà di specificare il primo punto del rettangolo.

Fissiamo il primo vertice con un clic: apparirà un rettangolo con indicate le dimensioni dei suoi lati. Possiamo indicare delle misure precise usando le caselle di testo, o spostare il mouse fino a che non siamo soddisfatti della figura.

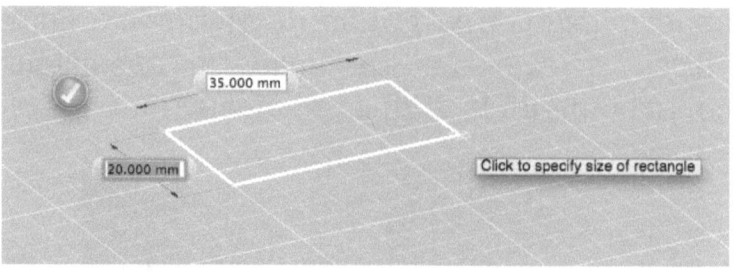

Confermiamo il disegno con un clic. L'area del rettangolo si colorerà di beige.

La seconda figura presente nel menu Sketch è **Circle**,

che serve per disegnare un cerchio indicando centro e diametro.

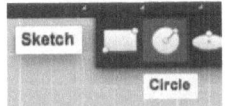

Clicchiamo Circle e poi selezioniamo come piano la griglia principale. Il programma ci chiede di scegliere un punto da utilizzare come centro della figura: clicchiamo un punto a piacere.

Inseriamo la misura del diametro e confermiamo tutto con un clic. Ecco un cerchio che farebbe invidia anche a Giotto.

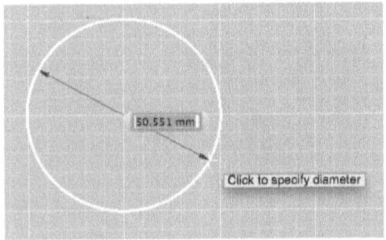

La terza voce del menu Sketch è **Ellipse**. All'ellisse serve un centro e due punti che definiranno l'asse maggiore e l'asse secondario.

Clicchiamo su Ellipse e poi scegliamo il piano di

disegno. Indichiamo il centro dell'ellisse e quindi il primo punto dell'asse principale.

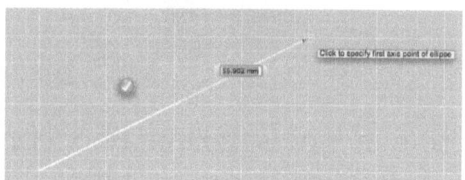

Indichiamo un punto per l'asse secondario: l'ellisse è disegnata!

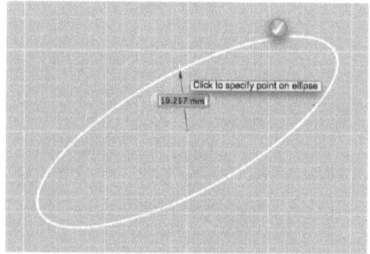

L'ultima primitiva disponibile è **Polygon**, utile per tracciare un poligono.

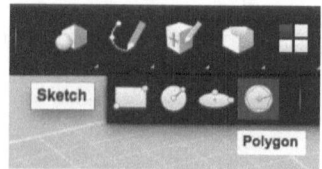

Clicchiamo Polygon, selezioniamo con un clic il piano su cui disegnare e infine fissiamo il punto da usare come centro della figura.

Apparirà un esagono. Indichiamo le dimensioni del raggio modificando il valore nella casella di testo che appare.

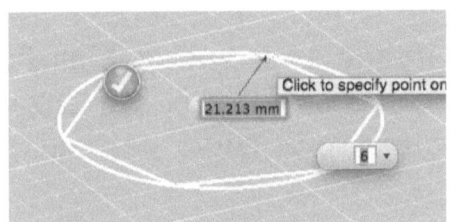

Una seconda casella serve per modificare il numero di lati del poligono. Proviamo a modificare il valore e a scrivere cinque: ecco apparire un pentagono.

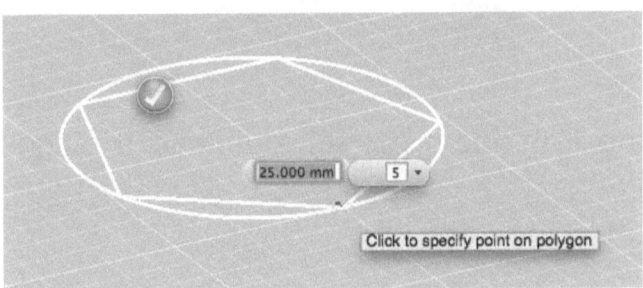

Confermiamo la figura con un clic.

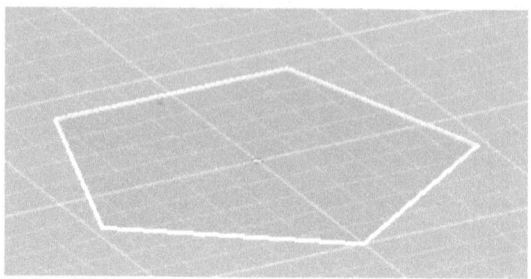

Archi, linee e curve

Se le figure base non ci bastano, possiamo disegnare liberamente degli *sketch*. È possibile farlo con due strumenti: le **Polyline** e gli **Spline**. Una Polyline è una linea spezzata, composta da una sequenza di segmenti rettilinei; gli Spline sono curve passanti per dei punti fissi.

Proviamo a disegnare una linea spezzata con la funzione **Polyline**.

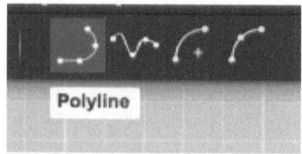

Clicchiamo Polyline e poi selezioniamo il piano su cui disegnare.

Fissiamo il primo punto con un clic. Spostiamo il mouse per far disegnare il primo segmento. Possiamo indicare la lunghezza del segmento o il suo orientamento utilizzando le due caselle di testo. Quando siamo soddisfatti di quanto abbiamo disegnato, confermiamolo con un clic.

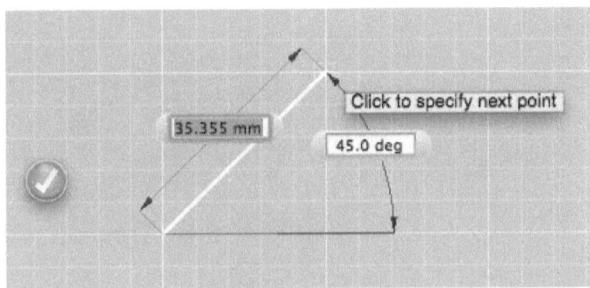

Ora ripetiamo l'operazione con i segmenti successivi.

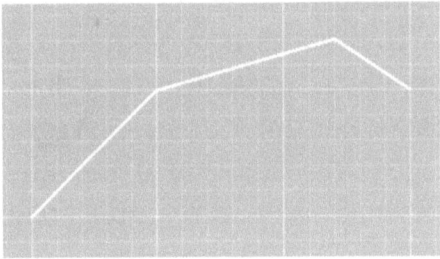

Per terminare il disegno della linea spezzata, premiamo ESC. La linea spezzata può essere chiusa o aperta. Se la chiudiamo, si colorerà di beige.

Lo strumento **Spline** traccia linee curvilinee.

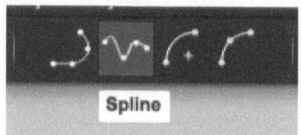

Clicchiamo su Spline e poi selezioniamo il piano di disegno. Scegliamo il punto di partenza con un clic. Fino a qui nulla di diverso dalla Polyline: dal primo punto parte un segmento che possiamo fissare con un secondo clic.

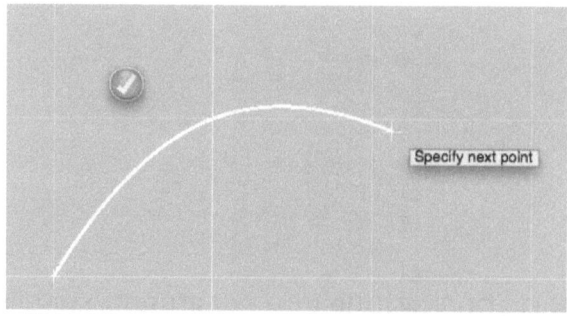

Ora, muovendo il mouse, non vedremo più una linea spezzata, ma una curva passante per i due punti appena fissati e la posizione del cursore. Aggiungiamo altri punti a piacimento. Terminiamo il disegno con il tasto ESC. Anche la Spline può essere chiusa o aperta.

La Spline a volte genera curve non proprio prevedibili! Potremmo avere la necessità di tracciare un semplice arco di raccordo: usiamo lo strumento **Two Point Arc**, cioè un arco passante per per due punti.

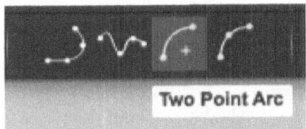

Clicchiamo **Two Point Arc**, scegliamo il piano di lavoro e indichiamo il centro dell'arco.

Ora scegliamo il punto di partenza dell'arco o fissare il raggio in modo preciso, digitando la lunghezza desiderata nella casella di testo.

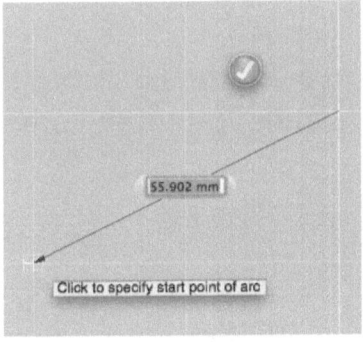

Muoviamo il cursore per aprire l'arco. Anche in questo caso possiamo definire l'angolo di apertura utilizzando l'apposita casellina di testo.

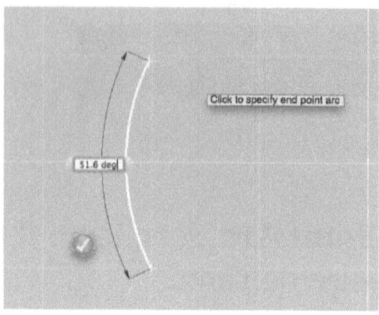

Potrebbe capitare di non conoscere la posizione corrispondente al centro dell'arco. In questo caso è più utile la funzione **Three Point Arc** che traccia un arco passante per tre punti.

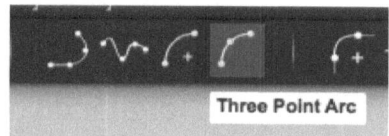

Clicchiamo su **Three Point Arc**, scegliamo il piano di disegno e specifichiamo il punto di partenza dell'arco.

Indichiamo il punto in cui l'arco dovrà terminare.

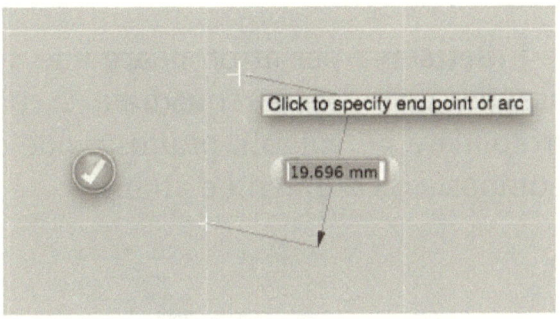

Muoviamo il cursore per scegliere dove mettere il terzo punto per cui dovrà passare l'arco. Mentre spostiamo il cursore, osserviamo l'arco aprirsi. Una volta soddisfatti del risultato ottenuto, confermiamo la posizione con un clic.

Tagli, raccordi e ritocchi

Abbiamo visto come disegnare in piano, utilizzando figure predefinite, linee spezzate o curvilinee. 123D Design fornisce alcuni utili strumenti per rifinire il disegno e renderlo perfetto.

La funzione **Fillet** serve per arrotondare uno spigolo. A volte si disegna una forma squadrata e poi è più semplice arrotondare gli spigoli, piuttosto che disegnare una figura composta da segmenti e archi.

Disegniamo un rettangolo "a piacere" sul piano. Attiviamo la funzione **Fillet** e poi clicchiamo sul rettangolo. In fondo allo schermo compare un piccolo menu in cui possiamo specificare il raggio da utilizzare per l'arrotondamento.

Spostiamo il cursore sopra al vertice da smussare.

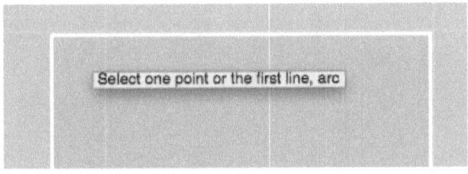

Deve apparire un piccolo arco rosso.

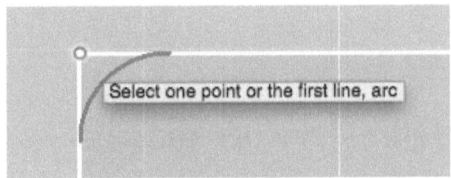

Facciamo clic per modificare lo spigolo. Ecco apparire una freccia che possiamo "tirare" con il mouse per modificare il grado di smussatura.

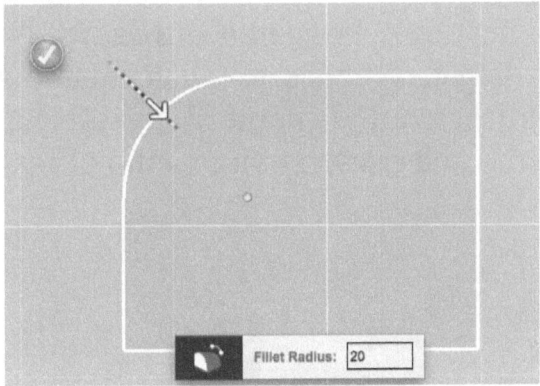

Una volta raggiunto il risultato desiderato, conferiamo con un clic.

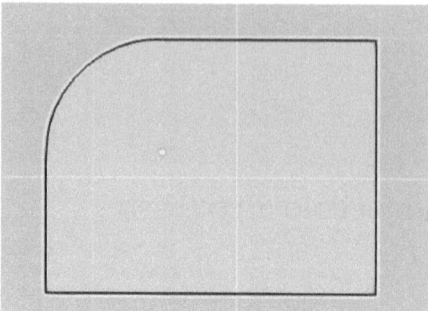

Lo strumento **Trim** serve per cancellare segmenti dagli sketch.

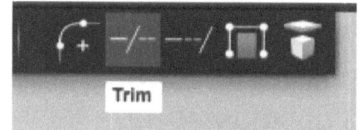

Anche in questo caso ci serve una figura su cui utilizzare la funzione. Possiamo utilizzare il rettangolo che abbiamo appena "smussato". Clicchiamo su **Trim** e selezionare lo sketch. Spostiamo il cursore sui lati della figura: vedremo che questi si tingeranno di rosso.

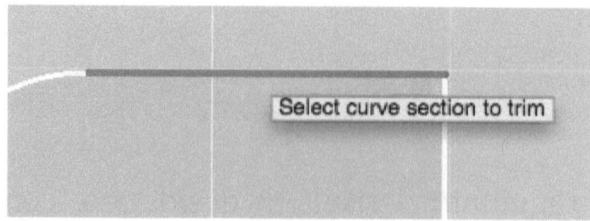

Rimuoviamo il segmento selezionato con un semplice clic.

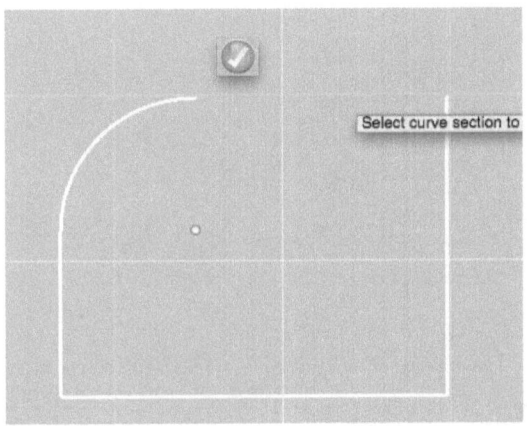

Possiamo ripetere l'operazione, eliminando lati a piacimento, fino a che non premiamo ESC.

La funzione **Extend** serve per chiudere buchi presenti negli sketch.

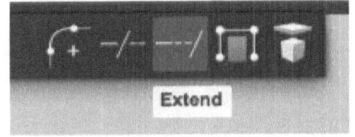

Facciamo clicl su **Extend** e selezioniamo lo sketch da riparare. Muovendo il cursore sulla figura, il programma ci suggerirà alcune possibili riparazioni. A volte potrebbe aggiungere dei segmenti mancanti, oppure anche degli archi.

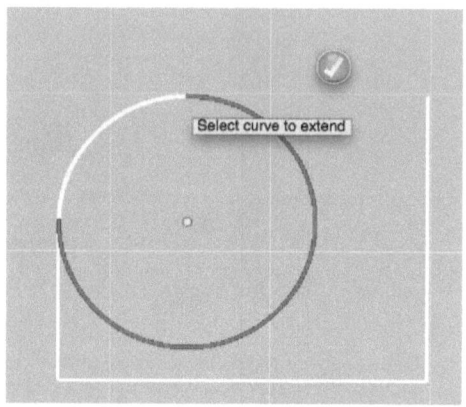

Nel disegno che segue, ho aggiunto un piccolo segmento sul lato destro della figura. Ho dovuto farlo perché alla funzione Extend serve un segmento (o un arco di partenza) che fornisca la direzione, così come un punto di arrivo... un muro contro cui andare a sbattere. Vedremo più avanti come modificare dei tracciati già esistenti, nel caso volessimo provare, basta selezionare la funzione Polyline e riprendere il disegno dal punto desiderato.

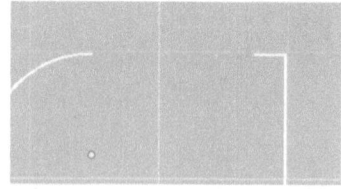

Selezioniamo lo sketch.

Spostiamo il cursore sul piccolo segmento fino a che non apparirà un proseguimento di colore rosso.

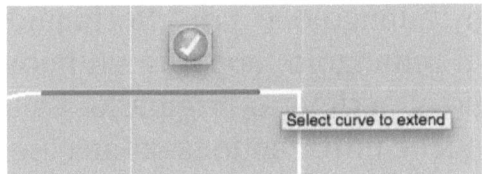

Confermiamo il nuovo segmento con un clic.

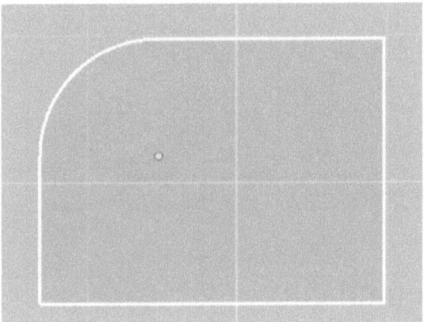

La funzione **Offset** crea una copia ristretta (o allargata) del tracciato selezionato. Il tracciato può essere una qualsiasi linea aperta o chiusa.

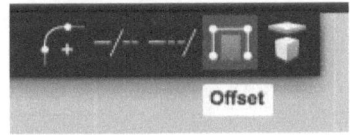

Anche questa funzione richiede un tracciato pre-esistente.

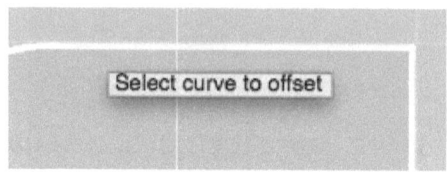

Disegnamo un rettangolo e poi clicchiamo su **Offset**. Selezioniamo il rettangolo: apparirà un nuovo tracciato, rosso e parallelo al perimetro originario. La distanza può essere fornita anche utilizzando la solita casella di testo.

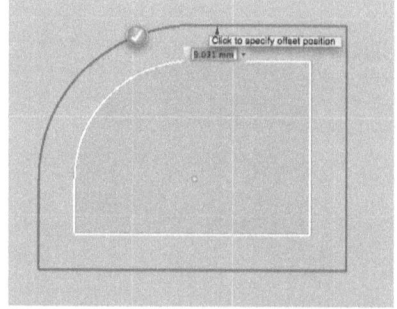

Confermiamo con un clic.

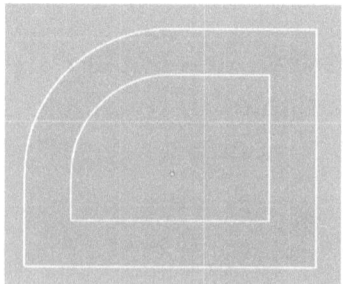

L'ultima funzione del menu Sketches serve per proiettare un solido su di un piano. È come se volessimo tracciare un contorno utilizzando l'ombra di un oggetto solido.

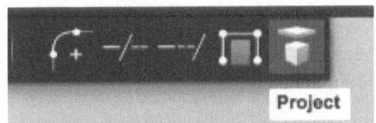

Disegnamo un cubo e spostiamolo in modo che sia ruotato e sollevato dal piano di riferimento.

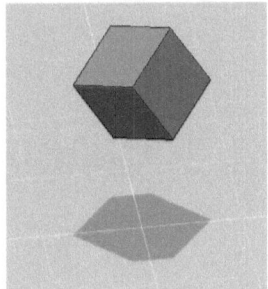

Attiviamo la funzione **Project** e scegliamo con un clic il piano su cui proiettare il solido. Scorrendo il puntatore sul solido sospeso, sul piano comparirà, in rosso, la proiezione.

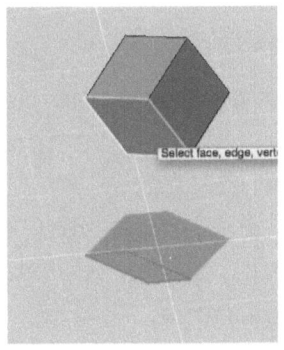

Possiamo selezionare facce, vertici o spigoli. Confermiamo la proiezione con un clic.

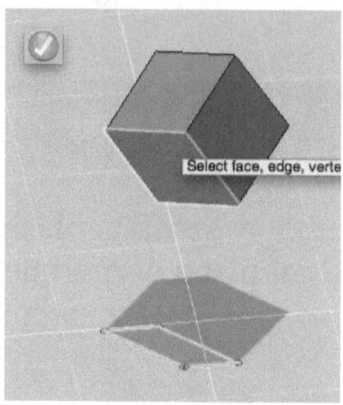

Se il solido non ci serve più, possiamo rimuoverlo.

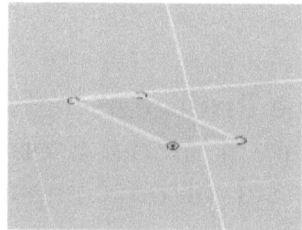

Modificare gli sketch

Nulla è per sempre, neppure uno sketch. Quello che abbiamo disegnato è sempre modificabile. Immaginiamo di aver disegnato una linea spezzata con lo strumento Polyline. In seguito ci accorgiamo di esserci dimenticati una parte. Possiamo riprendere il disegno e proseguire la linea.

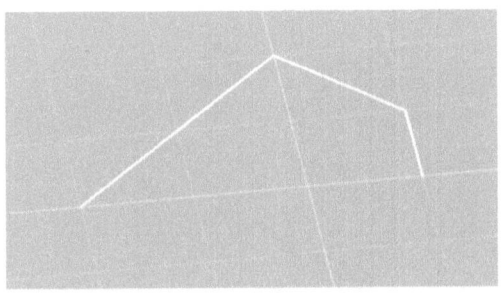

Proviamo a disegnare con Polyline una linea spezzata aperta. Attiviamo di nuovo la funzione Polyline e spostiamo il cursore sopra disegno: comparirà il messaggio "Click to edit sketch". Scegliamo il punto in cui attaccare la nuova Polyline. Se il nuovo punto coincide con un vertice pre-esistente, sarà evidenziato da piccolo quadrato azzurro.

Aggiungiamo i nuovi segmenti e terminiamo con ESC.

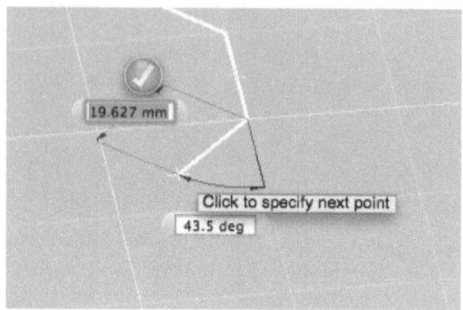

Possiamo proseguire una Polyline con uno Spline e viceversa.

Se selezioniamo con un clic un segmento o una faccia, comparirà una piccola icona con disegnato un ingranaggio. Facciamo clic sull'ingranaggio e comparirà un menu contestuale per modificare la parte selezionata. Il menu è differente se selezioniamo un vertice, un segmento o una faccia. Alcune delle operazioni le conosciamo già, altre le vedremo nei prossimi capitoli.

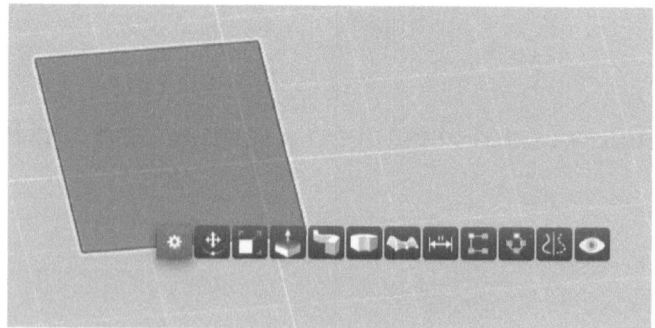

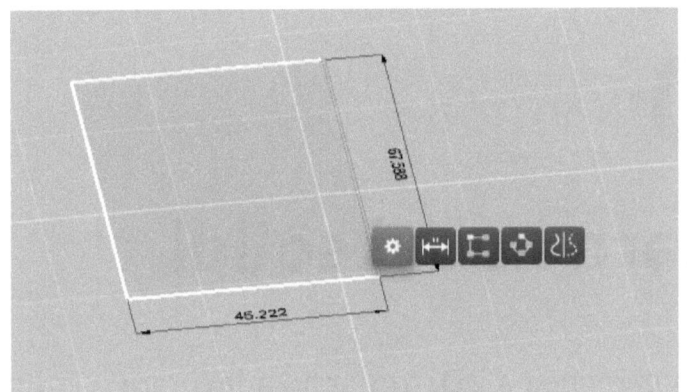

10

Creare nuovi solidi

Dopo la parentesi a 2D, torniamo a lavorare con i solidi. 123D Design offre alcune potenti funzioni per creare nuovi solidi utilizzando e trasformando oggetti esistenti.

Strumenti molto potenti

La prima funzione del menu **Construct** è **Extrude**.

Con l'estrusione prendiamo una figura piana e la "tiriamo" per creare un solido. È possibile anche spingere lo sketch in modo da creare delle cavità.

Disegniamo un semplice rettangolo usando **Rectangle** del menu **Sketch**.

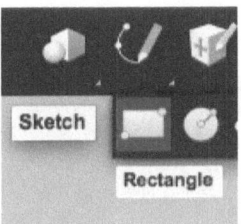

Collochiamo il rettangolo, con dimensioni a piacere, sul piano di lavoro.

Ora attiviamo con un clic la funzione **Extrude** del menu **Construct.** Clicchiamo sul rettangolo. Comparirà una freccia, perpendicolare alla faccia, che possiamo "tirare" con il mouse.

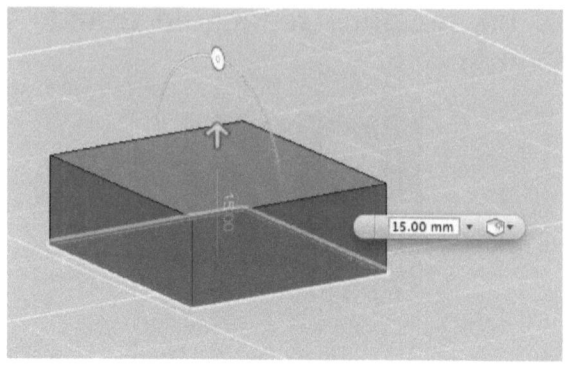

Mentre muoviamo il mouse, vedremo crescere un parallelepipedo. Confermiamo con un clic o premendo INVIO. Utilizzando Spline e Polyline possiamo ottenere solidi con profili a piacimento.

Con la funzione **Sweep** possiamo creare un nuovo solido spostando una figura piana lungo un percorso (**Path**).

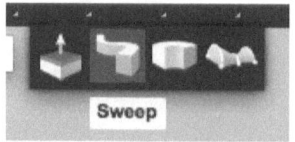

Per provare lo strumento **Sweep** dobbiamo disegnare uno Sketch e un Path lungo cui spostarlo. Iniziamo a disegnare un rettangolo.

Creiamo un percorso lungo cui spostare il profilo con una Spline.

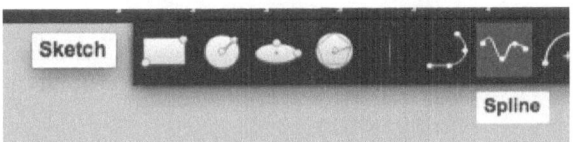

Disegniamo un tracciato a mostro piacere sul piano: dobbiamo poi ruotarlo e spostarlo in modo che sia in contatto con il rettangolo che abbiamo disegnato prima. Dovremmo trovarci in una situazione come quella raffigurata nella figura seguente.

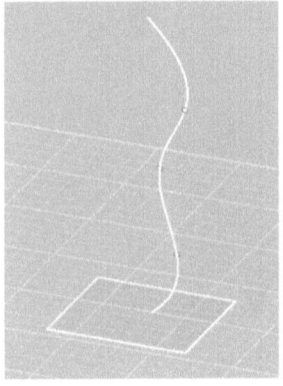

Ora possiamo utilizzare la funzione **Sweep**. Comparirà un piccolo menu con cui dovremo selezionare il profilo e il percorso. Selezioniamo il profilo.

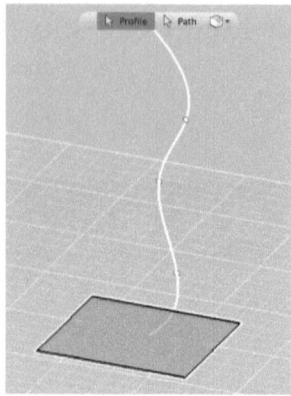

Verifichiamo che nel menu sia evidenziato **Path** e selezioniamo la curva che abbiamo disegnato.

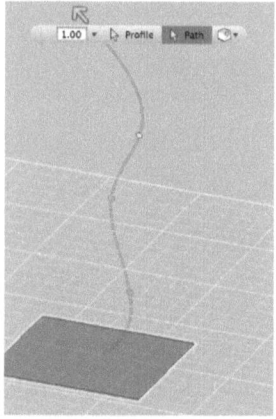

Tirando la freccia che sarà comparsa vicino al Path, possiamo far crescere il nuovo solido.

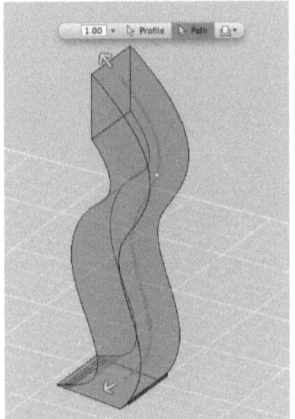

Lo **Sweep** può essere utilizzato per creare nuovi solidi oppure in altre combinazioni: intersezione, taglio o unione. Non resta che fare qualche esperimento.

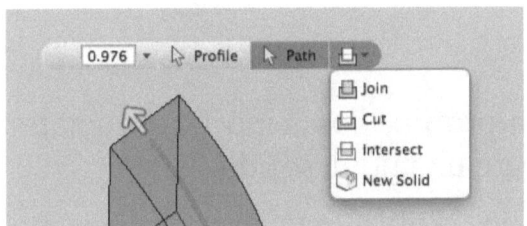

Confermiamo il risultato con un clic sulla scena o premendo il tasto INVIO.

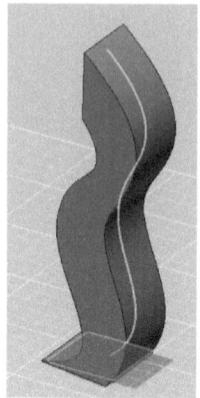

Lo strumento **Revolve** genera dei solidi di rotazione.

Disegnato un profilo, possiamo farlo ruotare attorno ad un asse e creare un nuovo solido.

Disegnamo un profilo qualsiasi utilizzando Spline o Polyline e poi, con Polyline, tracciamo un semplice segmento che useremo come asse di rotazione.

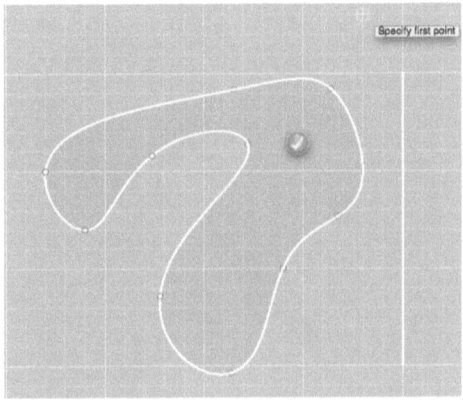

Attiviamo la funzione **Revolve** e selezioniamo il profilo con un clic.

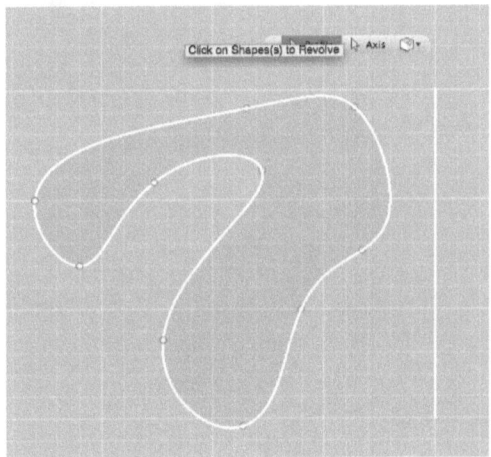

Facciamo clic sulla voce **Axis** del menu e selezioniamo l'asse di rotazione.

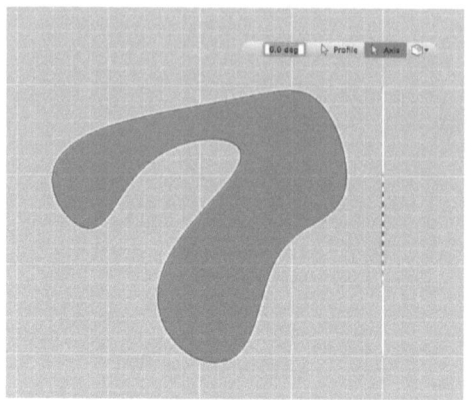

Comparirà un goniometro che possiamo utilizzare per indicare l'entità della rotazione. Come sempre, è possibile indicare l'angolo di rotazione anche con una casella di testo.

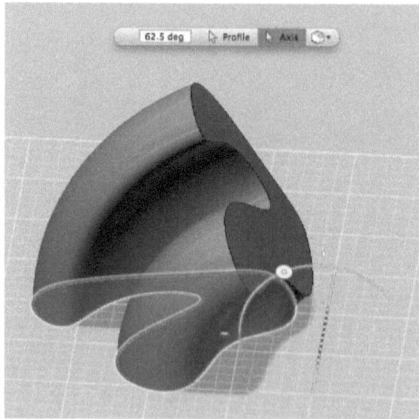

Confermiamo l'operazione con INVIO o clic sulla scena.

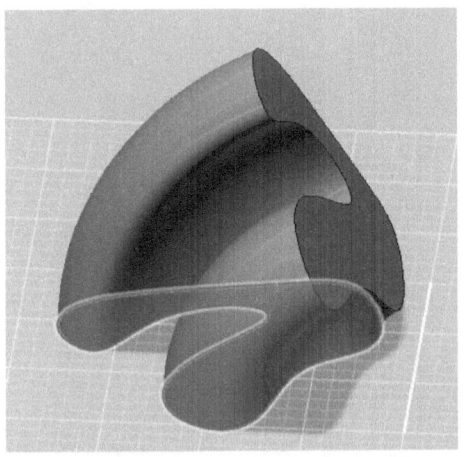

L'ultima funzione, **Loft**, crea dei solidi raccordando delle superfici.

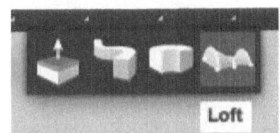

Proviamo a disegnare due quadrati e un cerchio. Quindi lasciamo un quadrato sul piano e spostiamo il cerchio e il secondo quadrato, sollevandoli dal piano. Le tre figure devono essere poste a tre altezze diverse.

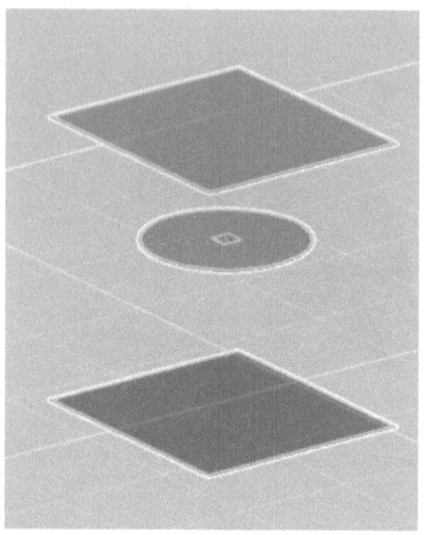

Ora attiviamo la funzione **Loft** e poi selezioniamo il quadrato inferiore e il cerchio con un clic. Le due sagome verranno raccordate e formeranno un nuovo solido.

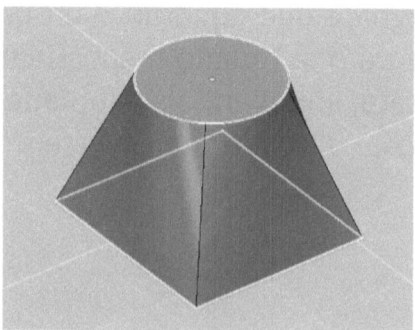

Ora posso proseguire con il "Loft", cliccando anche sul terzo quadrato.

Posso anche selezionare le tre sagome tutte insieme e poi applicare il Loft "globalmente". Il risultato sarà differente (è visibile nella figura seguente).

11

Pattern

Non c'è nulla di più noioso che dover ripetere le cose. Immaginiamo di dover replicare un oggetto un certo numero di volte, in modo regolare. Potremmo usare il "copia e incolla", ma l'operazione sarebbe comunque ripetitiva. Per questo motivo in 123D Design sono stati introdotti una serie di comandi utili per ripetere nello spazio, in diversi modi, l'oggetto selezionato.

Operazioni ripetute

Una serie di utili funzioni per replicare oggetti sono state raggruppate nel menu **Pattern**.

Il **Rectangular Pattern** replica l'oggetto selezionato su una griglia rettangolare.

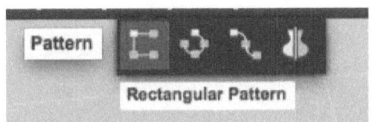

Disegniamo un cubo e poi applichiamo la funzione **Rectangular Pattern**. Un piccolo menu ci chiede di specificare il solido da ripetere.

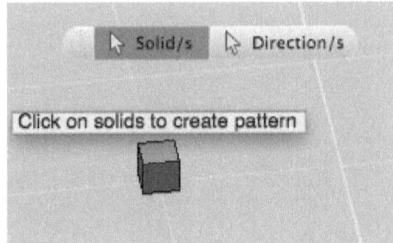

Scegliamo il cubo con un clic.

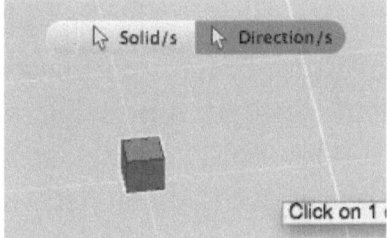

Poi indichiamo la direzione in cui si estenderà la griglia. Selezioniamo uno dei lati superiori del cubo.

Sovrapposte al cubo appariranno due piccole frecce. Proviamo a "tirarle": una serie di cubi disposti in modo regolare si allargherà a partire dal cubo di partenza.

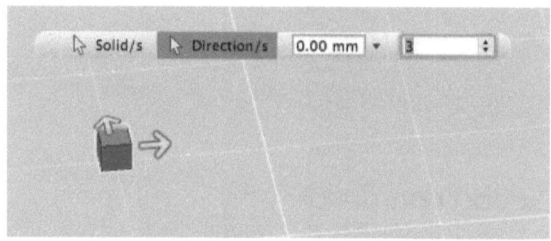

Le due caselle di testo del menu permettono di variare il numero di elementi ripetuti lungo l'asse corrente e la distanza tra gli elementi. Ogni asse ha le sue impostazioni. Per accedere alle impostazioni del singolo asse dobbiamo "tirare" la relativa freccia.

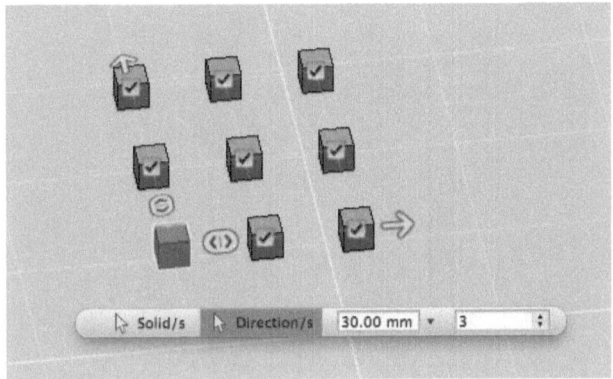

Sopra ad ogni clone troviamo una casella di spunta. Se togliamo la spunta con un clic, il cubo sparirà. In questo modo possiamo scegliere quali cubi faranno parte della disposizione finale.

Confermiamo il risultato premendo il tasto INVIO o con un clic sulla scena.

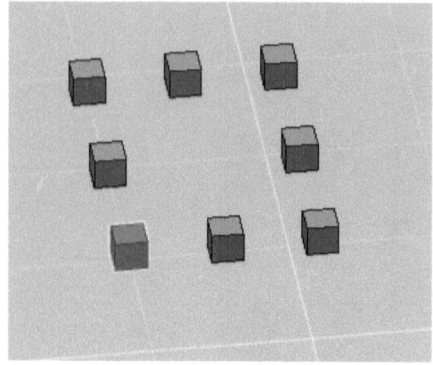

Il secondo metodo per clonare oggetti è quello di disporli su di una circonferenza con **Circular Pattern**.

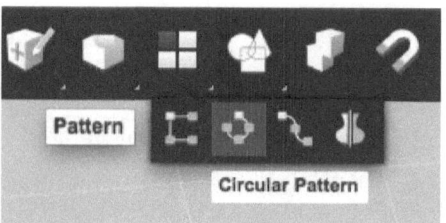

Disegniamo un cubo e attiviamo **Circular Pattern**. Selezioniamo il cubo che abbiamo appena disegnato.

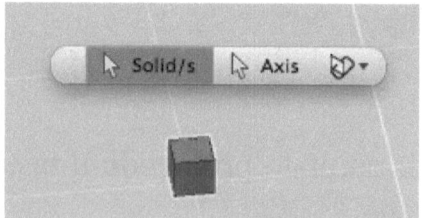

Ora ci serve un asse di rotazione. Possiamo disegnare un segmento con lo strumento Polyline, oppure possiamo utilizzare un lato del cubo che abbiamo appena disegnato.

Appariranno subito altri due cubi e una serie di frecce e spunte che ormai dovremmo conoscere. Il menu ha una casella di testo che possiamo usare per aumentare il numero di cloni.

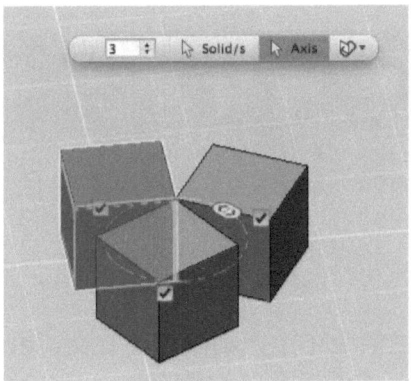

Con un piccolo menu a discesa possiamo anche scegliere se i cloni saranno ruotati oppure solo spostati (restando paralleli all'oggetto originale).

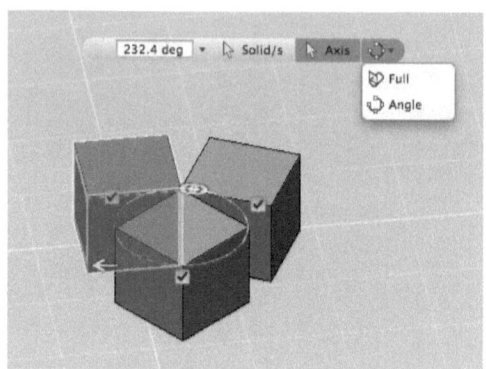

A questo punto siamo abbastanza bravi ed esperti da essere liberi da ogni vincolo: con **Path Pattern** possiamo clonare un solido lungo un percorso a nostro piacimento.

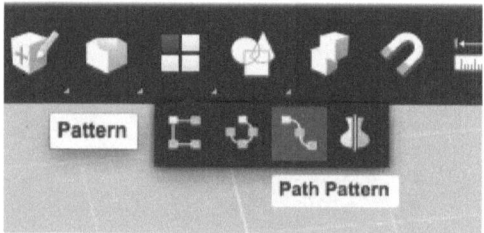

Iniziamo a disegnare un cubo e a tracciare un percorso con Polyline o Spline. Attiviamo **Path Pattern** e selezioniamo il cubo.

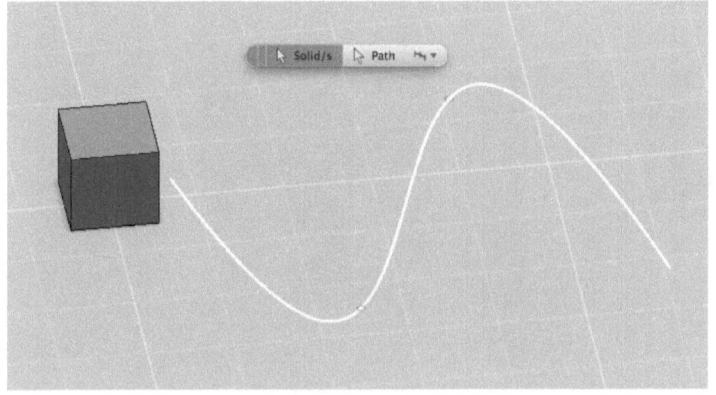

Selezioniamo il percorso, trasciniamo la freccia che vedremo comparire sul Path ed ecco che il cubo inizierà a moltiplicarsi.

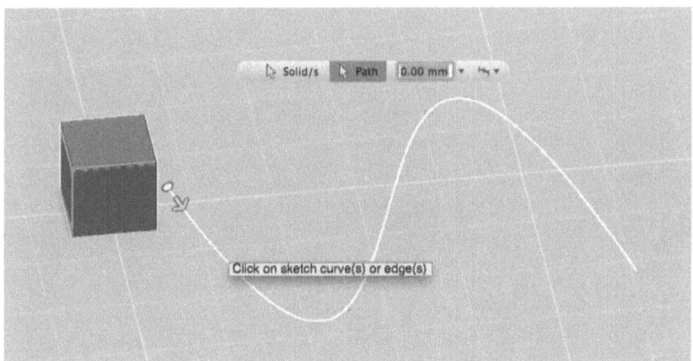

Possiamo variare il passo tra i cubi modificando il valore riportato nella casella di testo del menu contestuale. Sulla destra del menu c'è una piccola "tendina" che permette di modificare l'orientamento dei cubi: paralleli all'originale o orientati come la linea.

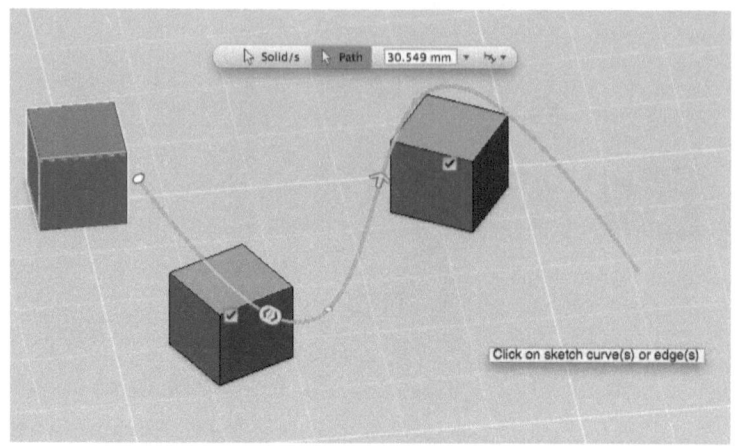

Sul Path è visibile una doppia freccia: serve per modificare il numero di repliche.

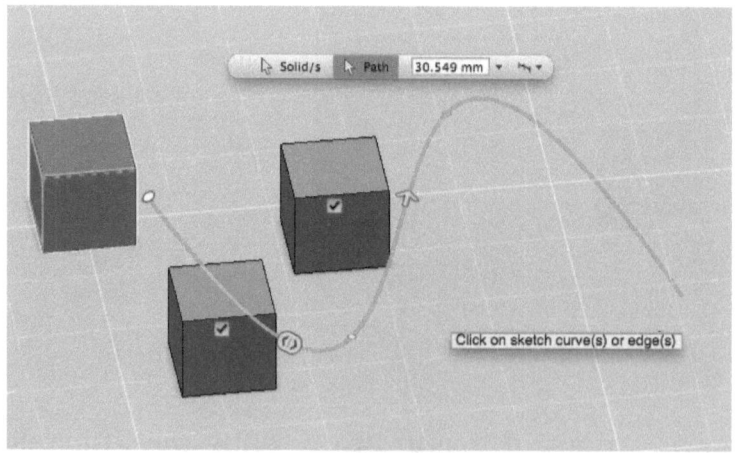

Molti oggetti sono simmetrici. Perché disegnarli per intero quando è possibile fare metà della fatica? Per creare una copia "a specchio" usiamo la funzione **Mirror**.

Disegniamo un cubo e tracciamo un segmento con Polyline. Il segmento ci serve come asse di simmetria. Selezioniamo il cubo con un clic.

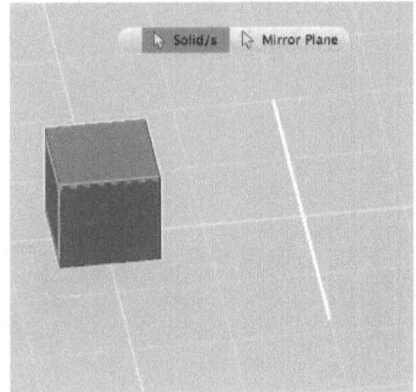

Selezioniamo il segmento: comparirà, in rosso, il piano utilizzato per la simmetria.

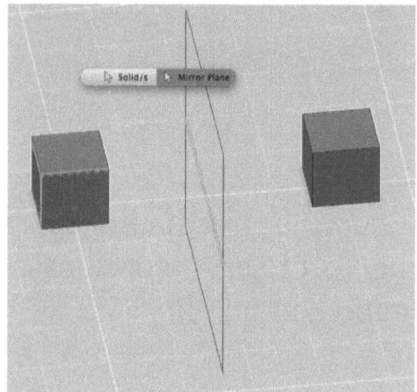

Confermiamo l'operazione con INVIO o con il solito clic sulla scena.

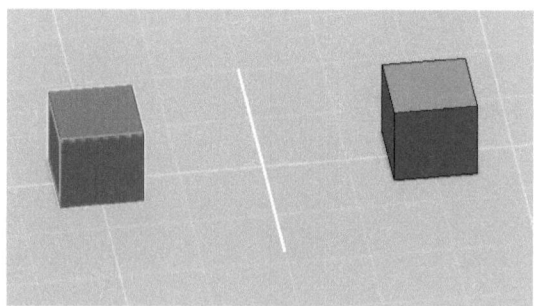

12

Misure

È importante misurare, specie se si vogliono costruire oggetti precisi, come parti meccaniche. Spesso disegnando perdiamo il senso delle dimensioni. Per questo gli strumenti di misura sono molto utili, per capire quanto sono grandi le cose e quali sono le distanze.

Il menu misure

L'ultimo menu di 123D Design che esploreremo è il menu **Measure**. È riconoscibile per l'icona a forma di righello.

Cliccando sul righello, alla destra della finestra principale apparirà un piccolo riquadro con alcune opzioni riguardanti le misure da compiere. Potrebbe essere necessario aprire il riquadro utilizzando una piccola freccia. Il riquadro riporta una sezione **Selection** in cui indichiamo cosa vorremmo misurare: facce, bordi e vertici o solidi. Il pulsantino **Clear** de-seleziona le parti che abbiamo misurato. La seconda sezione **Result** riporta i risultati delle misure.

I risultati dipendono da cosa abbiamo selezionato: distanze, aree, angoli e volumi.

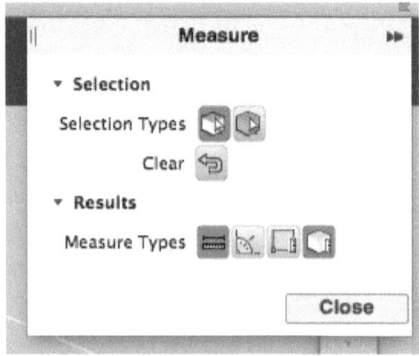

Proviamo a fare un clic sul primo selettore e poi facciamo un clic sul lato di un solido. Vicino al lato selezionato comparirà un piccolo numeretto.

Ora andiamo a controllare nella sezione Results: troveremo indicata la lunghezza del lato, in millimetri.

Proviamo ora a selezionare due lati.

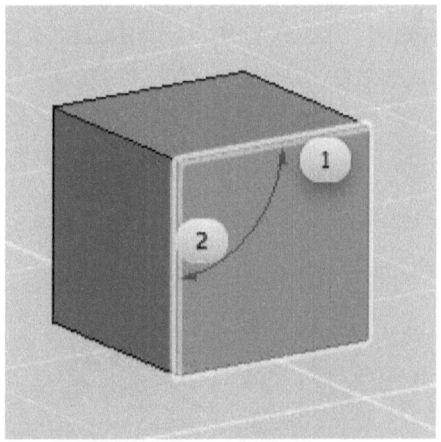

Nei risultati troveremo tutte le possibili misure riguardanti i due lati selezionati: le lunghezze, l'angolo che formano e la distanza (se applicabile).

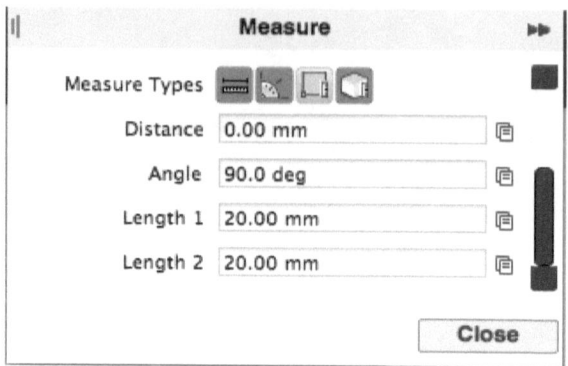

Clicchiamo **Clear** e proviamo a utilizzare le misure sui solidi. Selezioniamo un solido con un clic. Tutto il solido si colorerà di azzurro.

Nei risultati troveremo il suo volume.

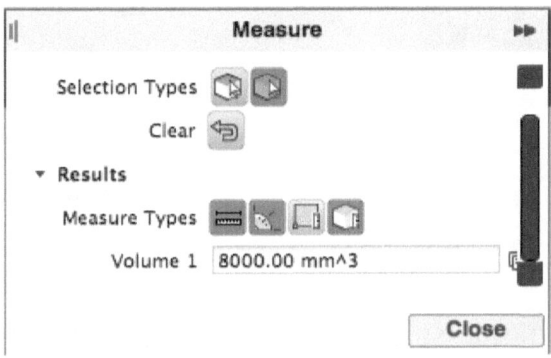

Proviamo a fare qualche altro esperimento. Azzeriamo i risultati con Clear e poi selezioniamo due vertici.

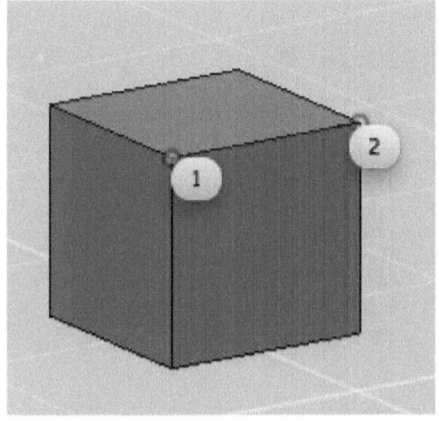

Nei risultati troveremo la distanza tra i due punti.

Annulliamo la selezione con Clear e proviamo a selezionare una faccia intera.

Avrò come risultato della misura, l'area e il perimetro della figura piana.

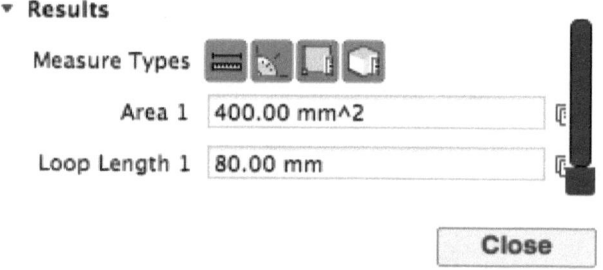

13
La stampa 3D

Fino a pochi anni fa, non conoscendo cosa fosse la stampa 3D, quando avevo la necessità di creare un oggetto o un ricambio per una riparazione operavo in due modi: cercavo di creare qualcosa utilizzando ferro e legno, tagliando, piegando e unendo i materiali seguendo una mia idea, oppure mi scervellavo per trovare oggetti simili a quanto mi serviva, eventualmente adattabili. La ricerca poteva durare settimane o mesi, scandagliando scaffali di supermercati, "brico-center" e rottami vari, cercando di capire se potevo trovare qualcosa che andasse bene per lo scopo. Tempo fa, in questo modo, ho riparato il "grilletto" di una pistola per la colla a caldo sostituendolo con una replica in metallo, ricavata da un piccolo bordino forato e piegato. Il bordino l'ho smontato da un vecchio scanner rotto.

I risultati sono funzionali ma raramente di buona qualità: il problema è risolto, ma "non si può vedere".

Non avevo mai contemplato la possibilità di creare oggetti su misura esattamente come necessario. Ho fatto degli esperimenti con silicone e stampi in creta, senza mai ottenere nessun risultato soddisfacente. Tutto questo accadeva prima di scoprire quanto è semplice trasformare un'idea in un disegno in 3D e quindi stamparla, con tempi e precisioni impensabili. Per me è stato un po' come passare dall'età della pietra a quella del ferro: una vera rivoluzione.

Strato su strato

Com'è possibile creare degli oggetti? Possiamo aggiungere della materia oppure rimuoverla da un blocco di partenza. Le stampanti 3D aggiungono materia

strato su strato fino a comporre l'oggetto che abbiamo disegnato. Le chiamiamo stampanti, ma sono delle stratificatrici di plastica.

Le stampanti "desktop" derivate dal progetto RepRap fondono la plastica spingendola in un ugello da cui esce un flusso regolare di materiale, impiegato per creare degli strati sovrapposti.

L'ugello fa parte dell'estrusore o testina di stampa: un meccanismo composto da una resistenza che scioglie la plastica, dall'ugello e da un motore che spinge la plastica verso l'ugello.

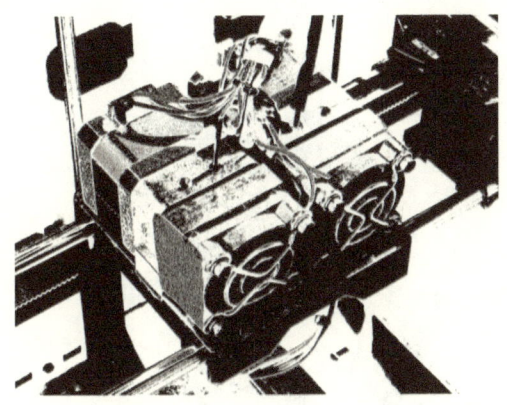

L'estrusore è mosso da tre motori: due lo spostano sul piano orizzontale e il terzo lo sposta lungo l'asse verticale.

La plastica non è l'unico materiale utilizzabile. Le stampanti, professionali, di costo più elevato, impiegano polveri metalliche, ceramiche, sospensioni ed emulsioni depositate grazie a laser, luce ultravioletta, collanti... I risultati sono differenti, così come i costi.

Le plastiche utilizzate dalle stampanti "desktop" sono:

- **Pla** – bio plastica derivata dal mais,
- **Abs** – la plastica dei Lego,
- **Nylon** – per realizzare oggetti leggermente flessibili,
- **Gomma** – per realizzare oggetti molto flessibili.

Recentemente sono comparse delle mescole speciali di plastica e pasta di legno o gesso per ottenere oggetti con speciali finiture o dall'aspetto particolare.

Dai bit agli atomi

Nei capitoli precedenti abbiamo imparato come

disegnare in 3D. Per stampare il nostro disegno non dobbiamo fare altro che salvarlo in un formato standard, Stereo Lito Grafico (STL). Un oggetto in formato STL è trasformato in una superficie formata solo da triangoli.

Mia nonna Alda usava preparare delle grandi coperte di lana molto colorate. Le realizzava creando a maglia dei rettangoli colorati che poi univa tra di loro. Immaginate di prendere una delle calde coperte di mia nonna, ma realizzata con triangoli al posto dei quadrati. Usiamo poi la coperta per avvolgere interamente la figura che abbiamo disegnato. La coperta di triangoli è chiamata anche "**mesh di triangoli**".

123D Design, come quasi tutti i CAD, può salvare un disegno nel formato STL, utilizzando la voce **Export STL** che troviamo nel menu principale.

Per stampare la nostra creazione è necessario un ultimo passo: dobbiamo affettare il file STL e creare gli strati da passare alla stampante. Un programma abbastanza semplice da utilizzare e molto diffuso è **ReplicatorG** (http://www.replicat.org). ReplicatorG affetta i solidi come se fossero salami. Le fette sono descritte da un linguaggio chiamato Gcode. I Gcode sono istruzioni che vengono inviate alla stampante e che si traducono in movimenti o altre operazioni come spingere il filo nell'estrusore o a quanto scaldare la plastica.

Disegnare per la stampa

Terminato il disegno, la cosa più importante da verificare è che l'oggetto sia unico e che non presenti dei fori, cioè sia a tenuta d'acqua. A volte questi problemi nascono quando ci sono intersezioni, estrusioni, fusioni. Ricordiamoci sempre di fondere i solidi con la funzione **Combine**, in modo che l'oggetto sia interamente solidale. Esistono dei programmi come **MeshLab**, in grado di rilevare la presenza di fori e di altri problemi e di correggerli automaticamente.

In teoria non tutti i disegni sono stampabili. La stampante deposita uno strato sopra l'altro e non è possibile depositare il materiale nel vuoto oppure superare un certo angolo critico.

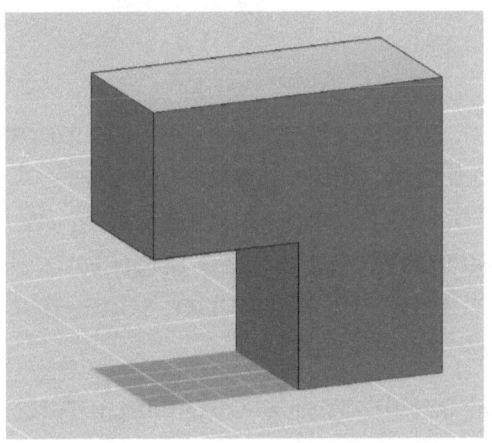

Ogni livello può sporgere di un poco rispetto al livello successivo. Per questo motivo è possibile realizzare struttura a sbalzo con angoli non eccessivi. Nella figura seguente i solidi sono stati colorati secondo il grado di criticità: quello in verde lo stamperemo senza problemi, con quello giallo siamo al limite e quello rosso potrebbe presentare una serie di barbe e difetti.

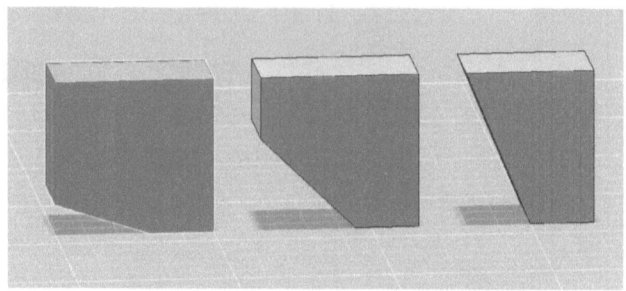

In realtà è possibile stampare anche un oggetto che abbia degli sbalzi o delle parti sporgenti. I programmi come ReplicatorG offrono la possibilità di creare delle **strutture di supporto** alle parti sporgenti. Terminata la stampa, le strutture di supporto sono poi facilmente eliminabili sbriciolandole.

Sul piano orizzontale si possono raggiungere precisioni di qualche decimo di millimetro. Ai fini pratici, per via delle tolleranze è difficile avere dettagli inferiori al millimetro. Il discorso è differente per lo spessore dei layer (cioè degli strati orizzontali) che possono variare da 0.15 a 0.3 millimetri. Più il layer è sottile e migliore è la finitura dell'oggetto.

Per questo motivo, se dobbiamo realizzare oggetti che si combinano o parti meccaniche è bene tenere presente queste informazioni e lasciare almeno un millimetro di "aria" tra gli elementi. È possibile stare più stretti, ma probabilmente poi dovremo rifinire a mano le parti stampate.

Parametri di stampa

Mentre si progetta, è bene tenere presenti le

caratteristiche della stampante. Vediamo insieme alcuni parametri fondamentali.

Possiamo decidere come e se riempire gli oggetti. C'è un parametro che si chiama **Infill**: esprime la percentuale di riempimento dell'oggetto. Con un valore del 100% avremo un bel solido di plastica massiccia; il valore tipico è del 20%. Può sembrare poco, ma il risultato sarà comunque resistente e avremo risparmiato un bel po' di plastica.

I solidi sono racchiusi da una superficie esterna chiamata **Shell**. Se desideriamo una maggiore rigidità, possiamo chiedere a ReplicatorG di realizzare più Shell (di solito se ne impostano due o tre).

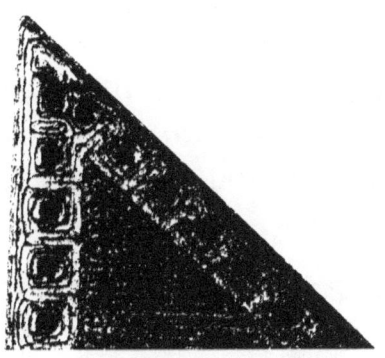

Avremo un effetto cipolla formato da più strati concentrici. Nella foto del triangolo possiamo notare almeno tre passaggi sui bordi dell'oggetto.

Quando la plastica si raffredda troppo rapidamente, si ritira, e l'oggetto si deforma. Per questo motivo le stampanti sono dotate di un piano riscaldato che è tenuto a una temperatura costante di 80/90°C. Possiamo intervenire sulla temperatura, ma a volte quest'accorgimento non basta e le nostre creazioni si arricciano comunque.

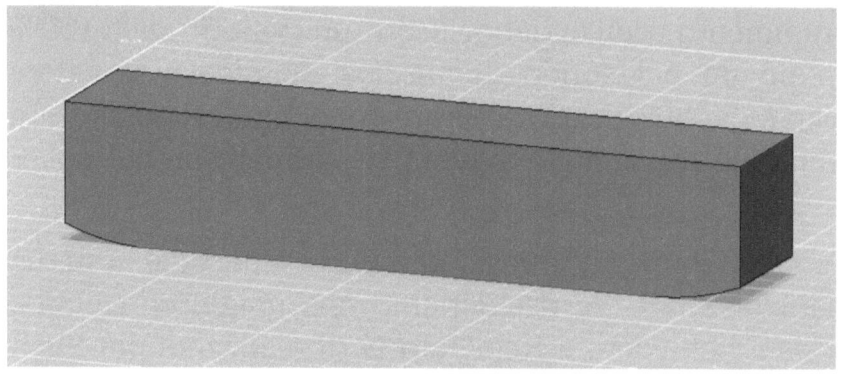

È possibile limitare i danni creando una struttura di appoggio che migliora l'aderenza e il raffreddamento. Questa struttura si chiama **Raft** ed è generata da ReplicatorG (non dobbiamo disegnarla noi!). Nella figura seguente si vede il *Raft*: una specie di maglia a trama larga che è posta sotto all'oggetto.

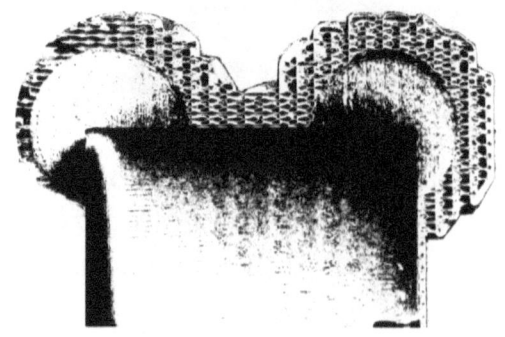

Se neppure il *Raft* funziona, si possono aggiungere dei piccoli dischi chiamati "orecchie di topo" sugli angoli del perimetro. Le orecchie di topo dobbiamo aggiungerle noi. Io solitamente creo dei cilindri di qualche centimetro di diametro e spessi 0.2 millimetri, in modo che occupino non più di uno strato orizzontale.

Per migliorare l'aderenza si spruzza il piano riscaldante con della lacca. Personalmente ho provato a utilizzare anche dello scotch di carta da disegnatore, con ottimi risultati.

ReplicatorG

ReplicatorG è un programma gratuito per generare i Gcode per la stampante 3D. ReplicatorG richiede l'installazione di Python.

Sharebot, la mia marca di stampanti preferita, offre una versione di ReplicatorG già configurata per l'utilizzo con le proprie stampanti. Altrimenti è necessario configurare il programma inserendo i parametri della propria macchina (se questa non è già inclusa tra quelle pre-configurate in ReplicatorG).

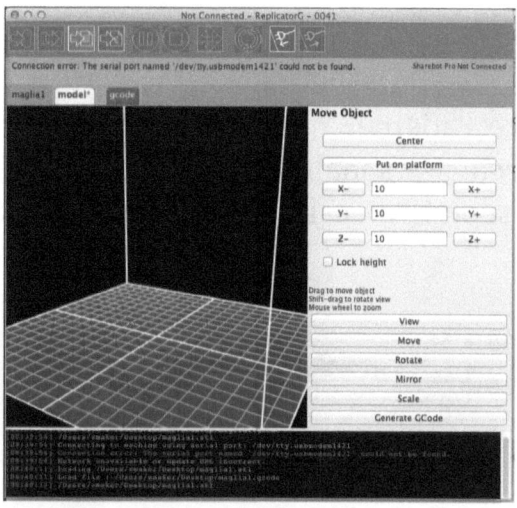

L'interfaccia non è delle migliori, ma è tutto abbastanza semplice. Il piano azzurro che vediamo rappresenta il piano di stampa della macchina. Sulla destra troviamo una serie di pulsanti utili per apportare piccole modifiche alla parte da stampare: a volte si vuole ridurre o ingrandire l'oggetto oppure si desidera ruotarlo o spostarlo.

Carichiamo il file STL generato dal programma CAD con la voce **Open** che troviamo sotto il menu **File**. Il disegno è caricato e visualizzato sul piano di stampa; a volte invece potrebbe essere spostato e sospeso in aria, come si vede nella figura sottostante.

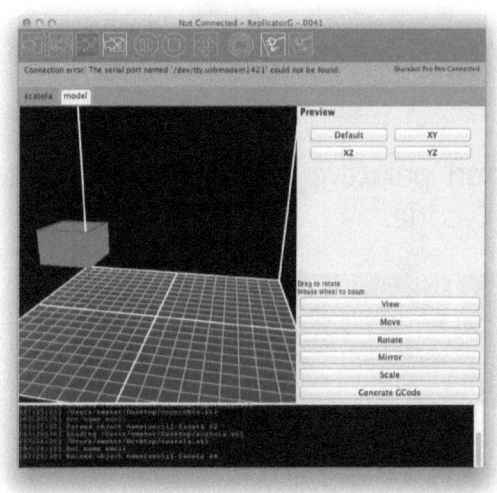

È importante che gli oggetti siano al centro del piano di stampa e che siano appoggiati a esso, altrimenti sarebbe difficile depositare della plastica nel vuoto. Per collocare correttamente l'oggetto, premiamo il tasto laterale **Move**.

Nella zona laterale appariranno alcuni nuovi pulsanti. Per centrare l'oggetto: premiamo **Center**, poi per posarlo sul piano, premiamo **Put on platform**.

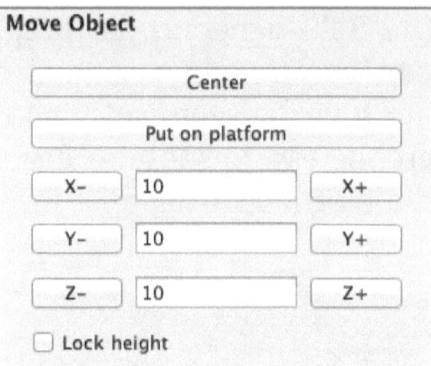

Ora siamo pronti per fare a fette il nostro oggetto, cioè per generare i Gcode.

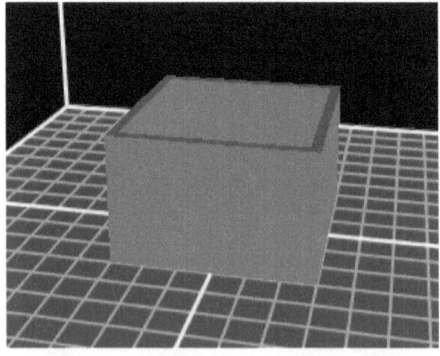

Premiamo l'icona sulla toolbar o scegliamo la voce **Generate** dal menu **Gcode** dell'applicazione.

Prima abbiamo modificato il disegno, centrando l'oggetto e quindi ora compare un avviso che ci chiede se vogliamo salvare il modello. Premiamo: Yes.

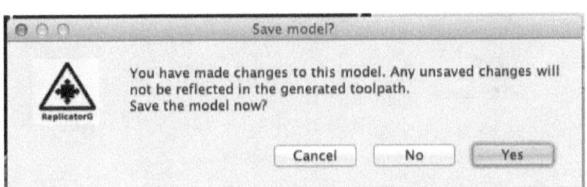

Apparirà una finestra in cui inserire le impostazioni di stampa. Ci sono molti parametri, ma non facciamoci intimorire.

Il primo selettore va modificato a seconda del materiale che stamperemo. Supponiamo sia ABS, quindi impostiamo "Sharebot PRO ABS". Scegliamo quindi se usare l'estrusore di destra o di sinistra. L'estrusore destro è quello sulla destra quando osserviamo la macchina ponendoci di fronte ad essa.

Non ci serve un **Raft** per questa stampa. Vogliamo che sulla stampante compaia la barra di avanzamento. L'**Infill** è la percentuale di riempimento dell'oggetto: il valore ottimale è del 20%.

Layer Height è l'altezza del livello, cioè di ogni singolo strato che sarà stampato: 0.20 mm è il valore comune.

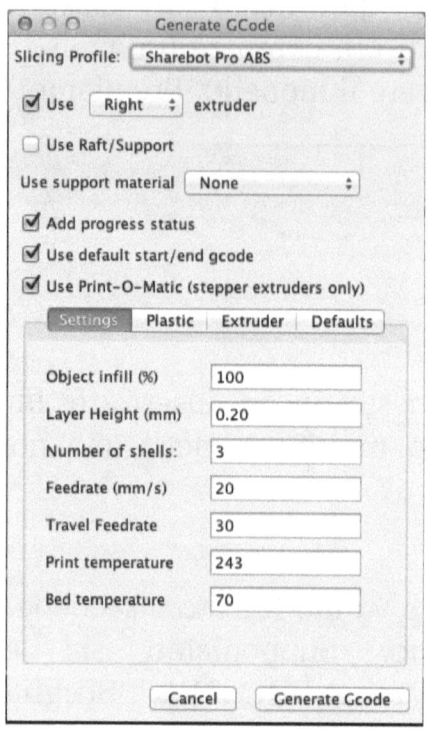

L'oggetto è racchiuso da una superficie esterna, come se fosse la sua pelle. Questa superficie si chiama **Shell** e di solito è doppia o tripla, cioè ci sono tre strati uno dentro l'altro: una specie di cipolla!

Verifichiamo che la temperatura di stampa (**Print temperature**) sia di 230° e quella del piano scaldante (**Bed Temperature**) sia a 90°C come consigliato da Sharebot.

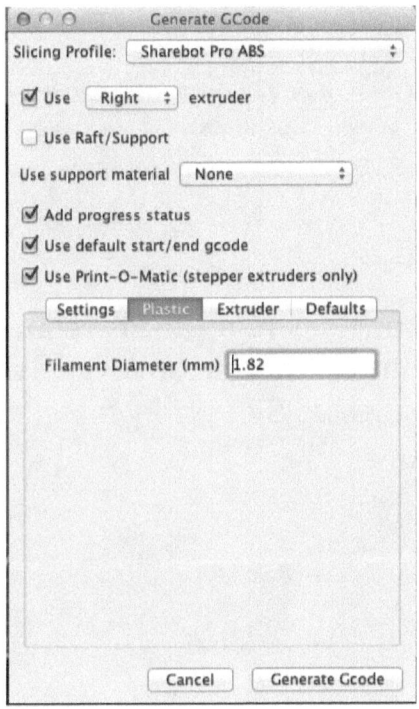

Facciamo un clic su **Plastic** e verifichiamo che il diametro del filamento sia impostato a 1,82.

Alla fine premiamo **Generate Gcode** e attendiamo la fine del processo. Ci vuole un po' di tempo perché il programma sta facendo a fette il solido e calcolando i percorsi che l'estrusore dovrà compiere. Potrebbe comparire un avviso del tipo:

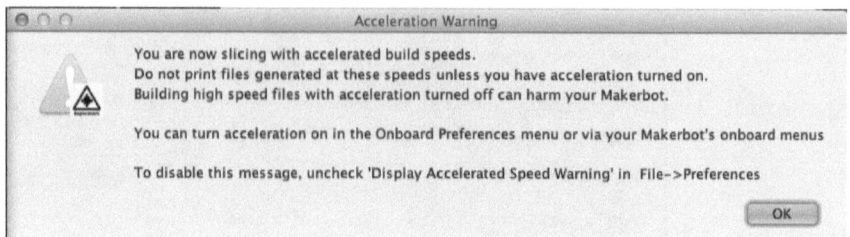

Non preoccupiamoci, perché la Sharebot PRO (o NG) supporta i movimenti accelerati. Verifichiamo che la macchina sia connessa. Se non lo fosse, colleghiamo il cavo e premiamo:

Potrebbe essere necessario specificare la porta seriale.

Avviamo la stampa con:

Io preferisco avere il computer libero piuttosto che collegato alla stampante per tutto il tempo richiesto dalla stampa. Per questo motivo di solito esporto i Gcode su una scheda SD che poi inserisco nella stampante. Per esportare il file su una schedina SD utilizzate il tasto:

Utilizzo della stampante

Utilizzare una stampante 3D non è per nulla complicato. La macchina è abbastanza semplice e non richiede particolari tarature. La manutenzione è semplice e veloce.

L'operazione più laboriosa è quella necessaria per livellare il piano di stampa. Il piano deve essere ben allineato con l'ugello di stampa e alla distanza corretta. La procedura è guidata e non si può sbagliare: la troviamo nel menu **Utilities**, con il nome **Level Build Plate**.

Sotto il piano di stampa troveremo tre o quattro regolazioni: servono per livellare il piano. Seguiamo le istruzioni sul display: ci sarà chiesto di stringere o allentare le viti, per regolare la distanza tra il piano e l'ugello in modo che vi possa passare solo un biglietto da visita di cartoncino spesso. Per stare sicuri, ripetiamo la procedura altre due volte.

```
Find the 4 knobs on
the bottom of the
platform and tighten
four or five turns.
```

Un'operazione che si fa spesso è quella di caricare una nuova bobina. Anche in questo caso, nel menu **Utilities**, troviamo **Change Filament** che ci seguirà passo dopo passo nella sostituzione del filo.

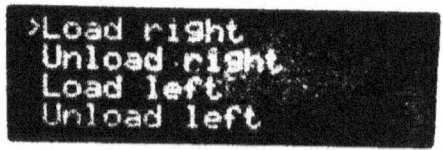

Se un filo è già presente nell'estrusore, non possiamo semplicemente strapparlo via. Dobbiamo prima scaldare l'estrusore in modo che la plastica si ammorbidisca e poi tirare il filo. Per caricare il nuovo filamento: tagliamo di netto il filo con un tronchesino, attendiamo che l'estrusore vada in temperatura e poi spingiamo delicatamente il filamento nel forellino presente sul lato superiore dell'estrusore. Appena vedremo fuoriuscire la plastica dall'ugello, possiamo terminare la procedura. Alcune stampanti prevedono una guida per il filo in plastica: verifichiamo che il filamento scorra senza attriti. Verifichiamo che sulla bobina non ci siano grovigli e che questa possa ruotare liberamente.

Quando avviamo una stampa, dobbiamo attendere un certo tempo mentre il piano e l'estrusore si scaldano. È molto comodo pre riscaldare la macchina con la funzione **Preheat**, in modo che mentre prepariamo il file con ReplicatorG, questa raggiunga già le temperature di lavoro e possa stampare subito.

Sempre nel menu principale abbiamo **Build from SD**, per leggere i file dalla scheda SD, invece che da un computer collegato alla stampante. È possibile scrivere i file sulla scheda SD anche mentre la stampante è accesa. I file saranno letti ogni volta che utilizzeremo la funzione **Build from SD**. È importante usare nomi di file corti, composti da un massimo di dodici caratteri.

Avviata la stampa può accadere che le cose non vadano per il meglio. Premendo il tasto centrale possiamo annullare la stampa e ripartire da capo.

Al termine della stampa attendiamo qualche minuto per lasciar raffreddare la plastica e poi procuriamoci una spatola per rimuovere l'oggetto dal piano di stampa. A volte è necessario esercitare una certa forza prima che l'oggetto si stacchi.

14

Progetti in 3D

Vediamo insieme due semplici progetti completi, dal disegno all'oggetto stampato.

Scatola con coperchio

Vediamo come disegnare e poi stampare una piccola scatola con coperchio.

Partiamo da un cubo, che poi svuoteremo. Creiamo un parallelepipedo a base quadrata con un lato di sessanta

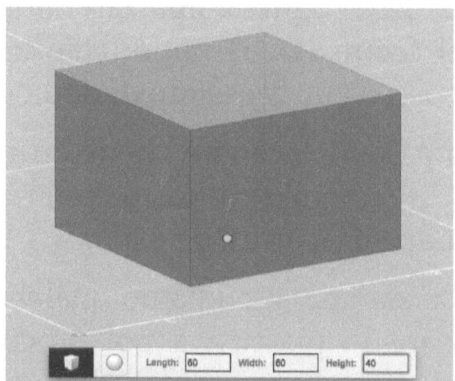

millimetri e alto quaranta.

Selezioniamo la faccia superiore del solido.

Dal menu selezioniamo la funzione Shell.

Inseriamo uno spessore di tre millimetri: ecco comparire la nostra scatola!

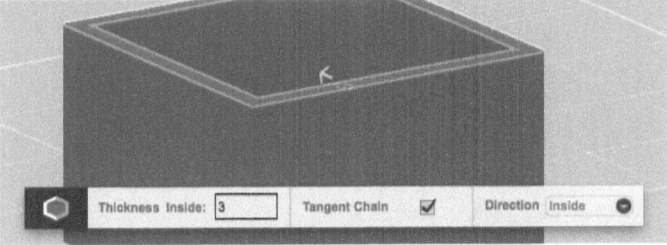

Confermiamo con ENTER o con un clic sulla scena vuota.

Salviamo il file e poi esportiamolo in formato STL. Salviamolo sul Desktop con il nome: "scatola.stl".

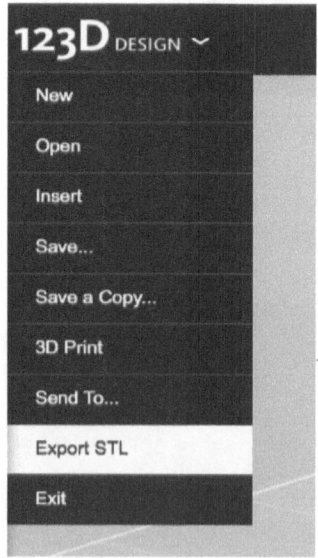

Iniziamo un nuovo disegno in cui piazziamo un cubo per formare il coperchio.

Stiamo un pochino più larghi e creiamo un parallelepipedo con la base quadrata da sessantuno millimetri e alto dieci.

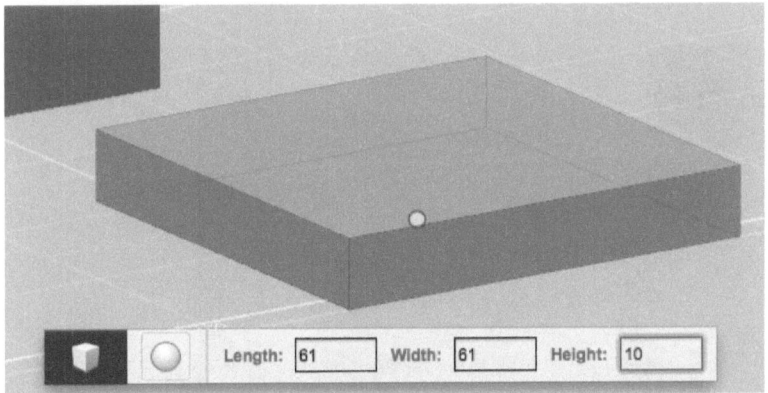

Come prima selezioniamo la figura e poi la faccia superiore.

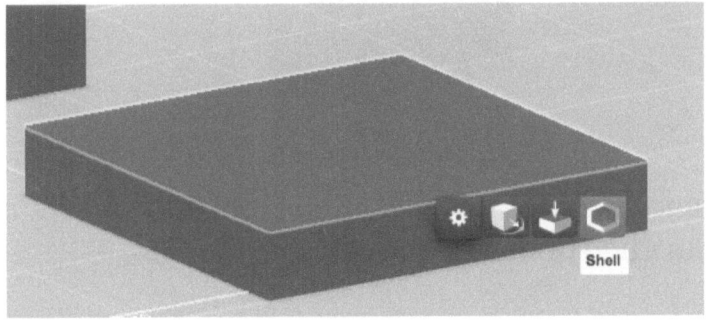

Svuotiamo il solido con la funzione Shell.

Impostiamo uno spessore di due millimetri e direzione "Outside". In questo modo il coperchio è creato "esternamente" alla forma della scatola da 60x60.

Notiamo però che l'operazione ha spostato il coperchio, facendolo sprofondare rispetto al piano di riferimento.

Dobbiamo alzarlo un po'! Selezioniamo la figura e facciamo clic sul menu "move".

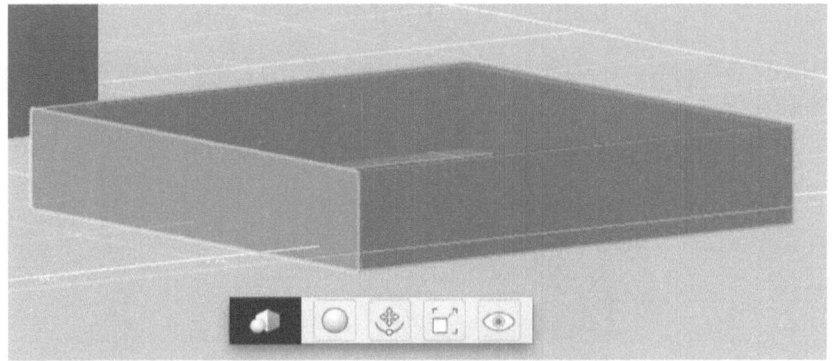

Compare il goniometro con le frecce.

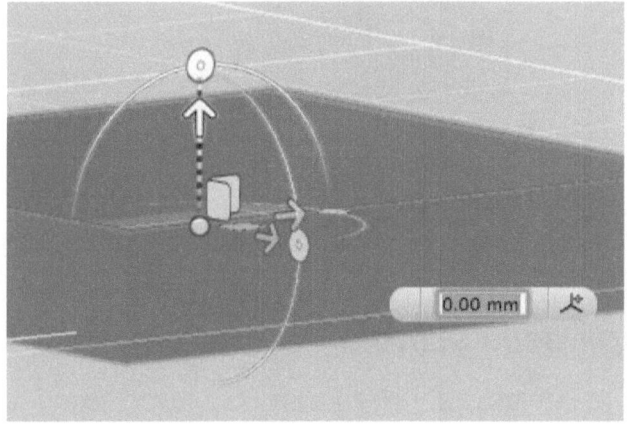

Trasciniamo la freccia che punta verso l'alto, oppure selezioniamola e inseriamo uno spostamento verso l'alto di due millimetri.

Ora il coperchio poggia sul piano.

Salviamo il file con il nome "coperchio" e provvediamo anche a esportarlo come STL.

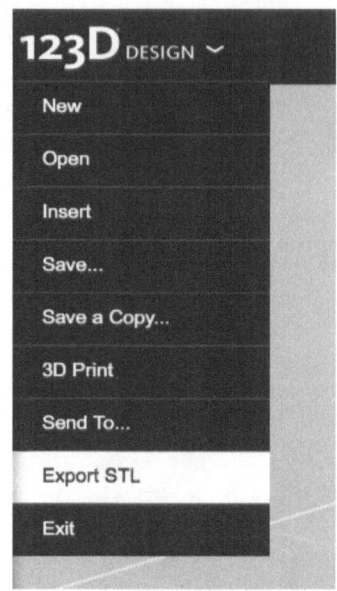

La stampa della scatola

Con il programma ReplicatorG, apriamo il file: "scatola.stl".

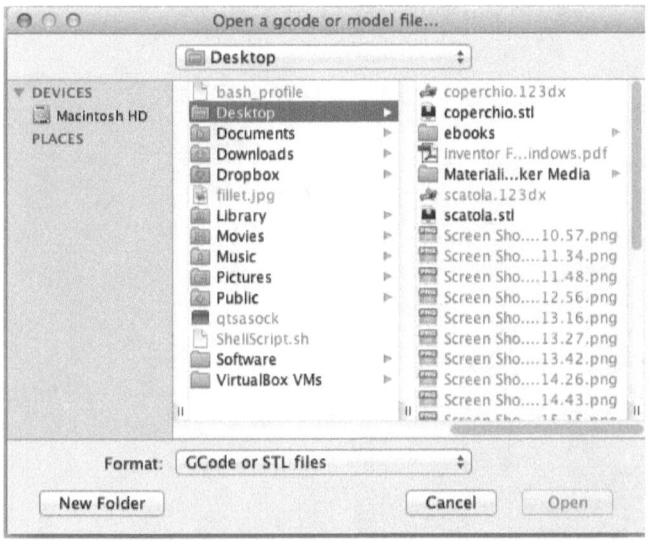

La scatola apparirà nel visualizzatore. Potrebbe essere spostata e sospesa in aria (cioè non appoggiata al piano di stampa).

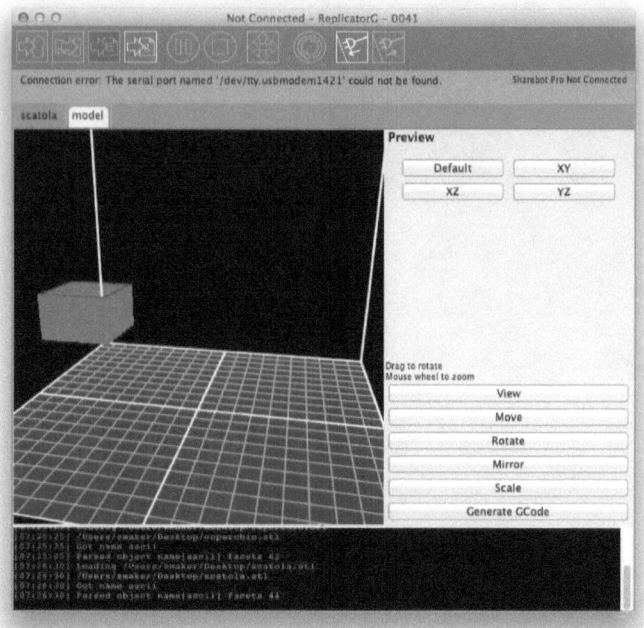

Con il menu "move" (visibile nella barra laterale), è molto semplice centrare l'oggetto e posarlo sul piano.

Per centrare l'oggetto: premiamo "center", poi per posarlo sul piano premiamo "put on platform".

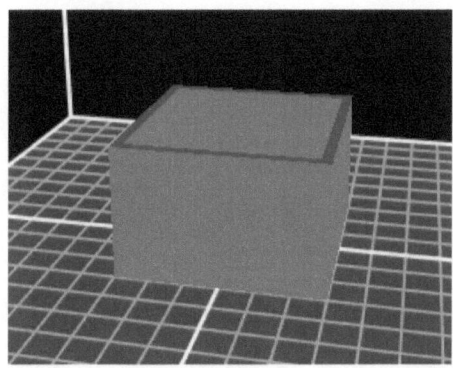

Vediamo come generare i Gcode. I Gcode sono le istruzioni che la macchina dovrà compiere per realizzare l'oggetto. I Gcode dicono alla macchina di riscaldare l'estrusore e a che temperatura portarlo; fanno muovere la testina di stampa, avanzare il filo di plastica...

Premiamo l'icona sulla toolbar (o scegliamo la voce Gcode → Generate dal menu dell'applicazione).

Prima abbiamo modificato il disegno, centrando l'oggetto. Compare un avviso che ci chiede se vogliamo salvare il modello. Premiamo "Yes".

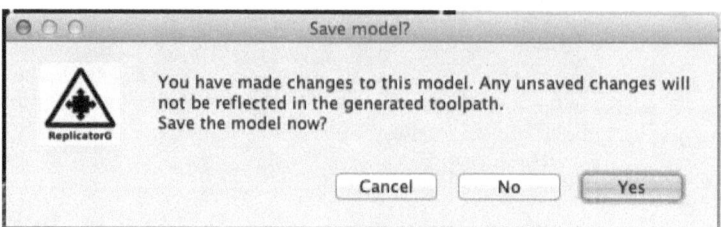

Ora appare una finestra in cui definire le impostazioni di stampa. Ci sono molti parametri, ma non facciamoci intimorire.

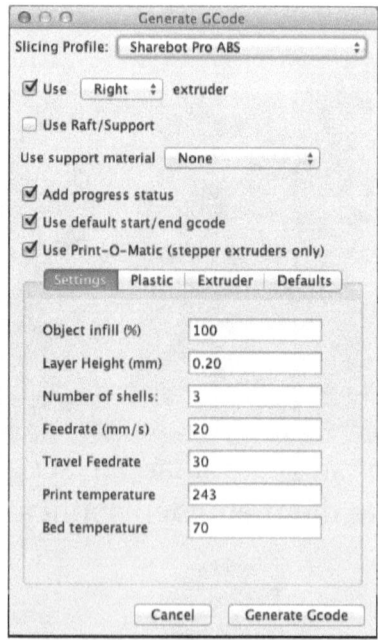

Il primo selettore va modificato a seconda del materiale

che stamperemo. Supponiamo sia ABS. Scegliamo quindi se usare l'estrusore di destra o di sinistra.

Non ci serve un RAFT per questa stampa. Vogliamo che sulla stampante compaia la barra di avanzamento. L'infill è la percentuale di riempimento dell'oggetto: 100% se vogliamo una scatola in plastica massiccia (!), altrimenti il valore ottimale è del 20%.

Layer Height è l'altezza del livello, cioè di ogni singolo strato che sarà stampato: 0.20 mm è il valore standard.

L'oggetto è racchiuso da una superficie esterna, come se fosse la sua pelle. Questa superficie si chiama shell e di solito è tripla, cioè ci sono tre strati uno dopo l'altro. È una specie di cipolla!

Verifichiamo che la temperatura di stampa (Print temperature) sia di 230° e quella del letto (piano scaldante) sia a 90°C (come consigliato da Sharebot).

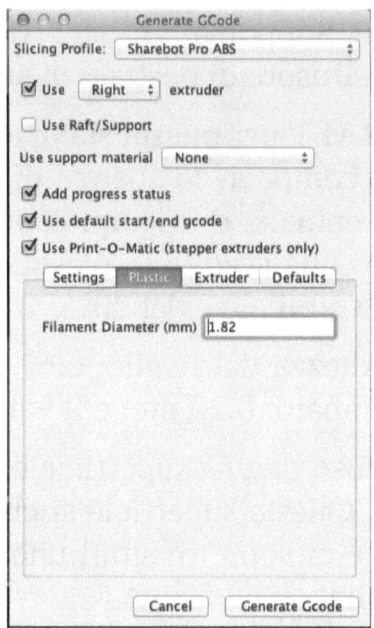

Facciamo un clic sul tab "Plastic" e verifichiamo che il diametro del filamento sia impostato a 1,82.

Premiamo "Generate Gcode" e attendiamo la fine del processo. È necessario attendere qualche minuto perché il programma sta facendo a fette il solido e calcolando i percorsi che l'estrusore dovrà compiere.

Ecco una vista dei Gcode generata con Pleasant3D.

Potrebbe comparire un avviso del tipo:

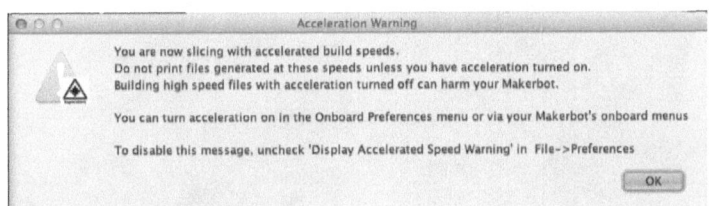

Non preoccupiamoci, perché la sharebot pro (o NG) supporta I movimenti accelerati.

Verifichiamo che la macchina sia connessa. Se non lo fosse, colleghiamo il cavo e premiamo:

Potrebbe essere necessario specificare la porta cui è connessa.

Avviamo la stampa con:

Ripetiamo il procedimento di stampa anche con il file coperchio.stl. Ecco il risultato finale!

Pipa ad aria

Proviamo a realizzare un semplice gioco: una pipa ad aria. Soffiando nella pipa, la pallina si solleverà dal braciere.

Iniziamo a disegnare la pallina per la pipa: creiamo una sfera del diametro di venticinque millimetri, posiamola sul piano, salviamo il file ed esportiamo in stl. Possiamo stamparla usando un infill del 10% e il supporto esterno. Altrimenti potremmo dividere la sfera in due semisfere, stamparle e poi incollarle insieme.

Ora creiamo una nuova scena e passiamo al disegno della pipa. Iniziamo a posare un cono sul piano.

Ora dovremmo cercare di forarlo. Aggiungiamo un cilindro e disponiamolo al centro del cono. Per riuscirci, disegniamo il cilindro di fianco al cono, poi impostiamo la vista dall'alto e muoviamo il cilindro solo sul piano orizzontale.

Utilizziamo la funzione **Combine** per sottrarre il cilindro al cono.

Ruotiamo di 180 gradi il nostro oggetto.

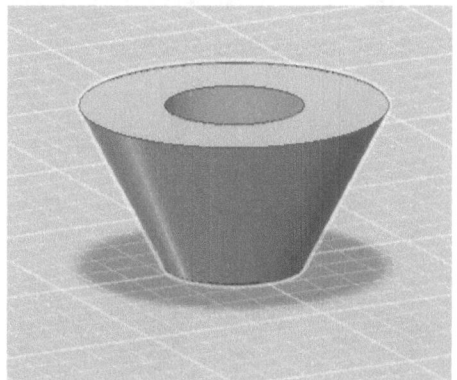

Per ottenere l'effetto svasatura, facciamo una copia del solido e solleviamola un po'.

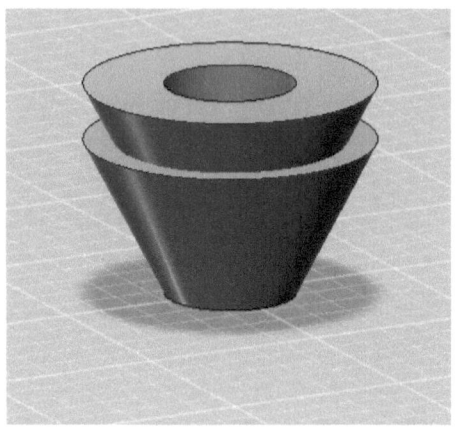

Usiamo la funzione **Combine** per sottrarre la "copia" all'originale: ecco un bel vaso forato!

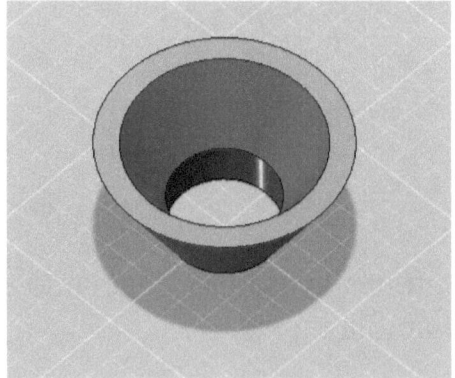

Ora disegniamo la "cannuccia". Usiamo un cilindro stretto e alto.

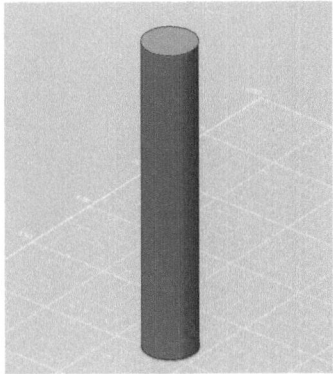

Sdraiamo il cilindro e posiamolo sul piano.

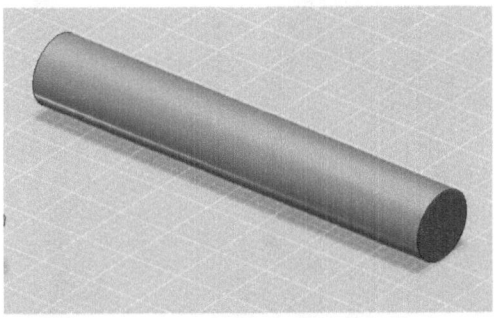

Facciamo un clic sulla base circolare del cilindro e svuotiamolo con la funzione **Shell**. Otterremo una specie di vaso con le pareti di due millimetri.

Ora disegniamo un piccolo cilindro di fianco alla "cannuccia": ci servirà per forarla.

Sempre lavorando con la vista dall'alto, collochiamo il cilindro.

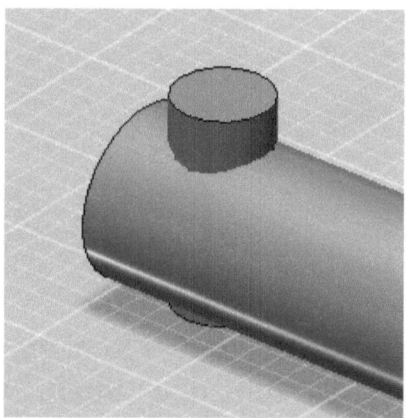

Alziamo un po' il cilindro, in modo che sia sospeso a metà nella cannuccia e che la intersechi solo nella parte superiore. Aiutiamoci con il menu laterale che permette di nascondere i materiali e di vedere solo le outlines.

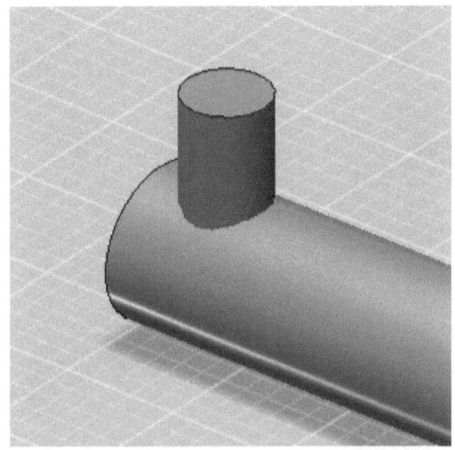

Con Combine, sottraiamo il piccolo cilindro alla cannuccia.

Ora prendiamo il cono forato e mettiamolo sul foro che abbiamo appena praticato sulla cannuccia.

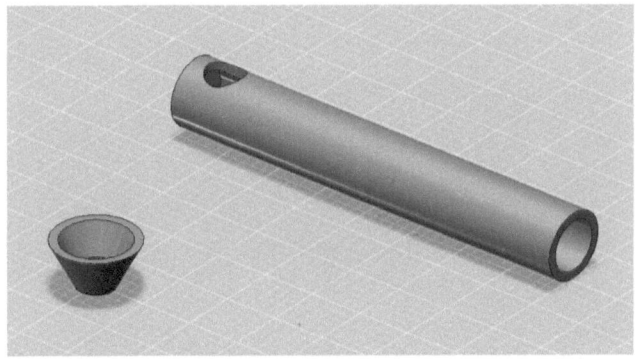

Fondiamo tutto con Combine. La pipa ad aria è pronta.

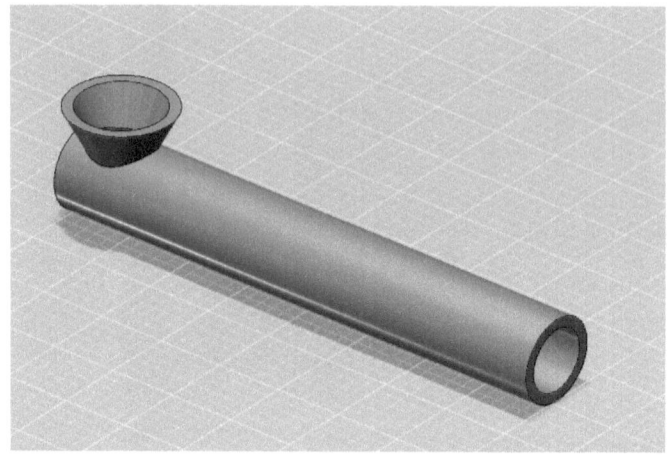

Esportiamola in STL e stampiamola. Ecco il risultato finale:

15
Sharebot

Sharebot (http://www.sharebot.it) è una giovane azienda italiana produttrice di stampanti 3D. Andrea Radaelli, il fondatore, racconta così la sua storia:

"Il primo prototipo si chiamava Share-station, con l'idea che fosse una stazione di condivisione di oggetti reali. La Share-station era molto simile alla Makerbot ToM. Per ridurre le ore di assemblaggio delle parti di legno, decisi di sfruttare la capacità di modellarsi di un composito di alluminio e PET che tramite una tecnica che prevede taglio e incisione, permette di montare la stampante in pochi minuti piegando e fissando le varie parti come fosse una scatola di cartone.
Per la movimentazione degli assi avevo optato per viti senza fine, il risultato fu una grandissima solidità e precisione di posizionamento a scapito di velocità ed

accelerazioni bassissime. Avevo mantenuto lo stesso volume di stampa della ToM da 100x100x100mm, a mio avviso troppo limitato e così come la meccanica con l'estrusore fisso e il piano di lavoro mobile.
L'evoluzione della Share-station è stato il modello Kiwi. Il nome deriva dall' aspetto "paffutello".
Per la struttura è stato impiegato ancora il materiale composito e ho aumentare il volume di lavoro fino a 200x200x200mm. Le prestazioni sono migliorate e ho introdotto l'estrusore mobile con il piano di stampa mobile solo sul piano Z.
Il risultato ottenuto è stato favoloso, l'unica pecca è l'attenzione che richiede la calibrazione iniziale degli assi X e Y per la messa in squadra e il giusto tensionamento delle cinghie. Per non snaturare l'idea iniziale di creare una macchina economica con un alta risoluzione di stampa ma che sia assemblabile da chiunque senza impazzire, ho creato la Kiwi LC (laser cut) è veloce e facile da montare, con un'area di lavoro di 200x200x200mm. L'asse Z muovere il piano di stampa e gli assi X e Y muovono l'estrusore, attraverso un sistema a ponte.

Dopo il successo della Sharebot Pro, il nostro modello più recente è la Sharebot NG che rappresenta il risultato della ricerca della semplicità di utilizzo e della facilità d'utilizzo."

Sharebot Pro

La stampante Sharebot Pro è una stampante 3D italiana, certificata CE e pronta all'uso; è montata, calibrata e testata.

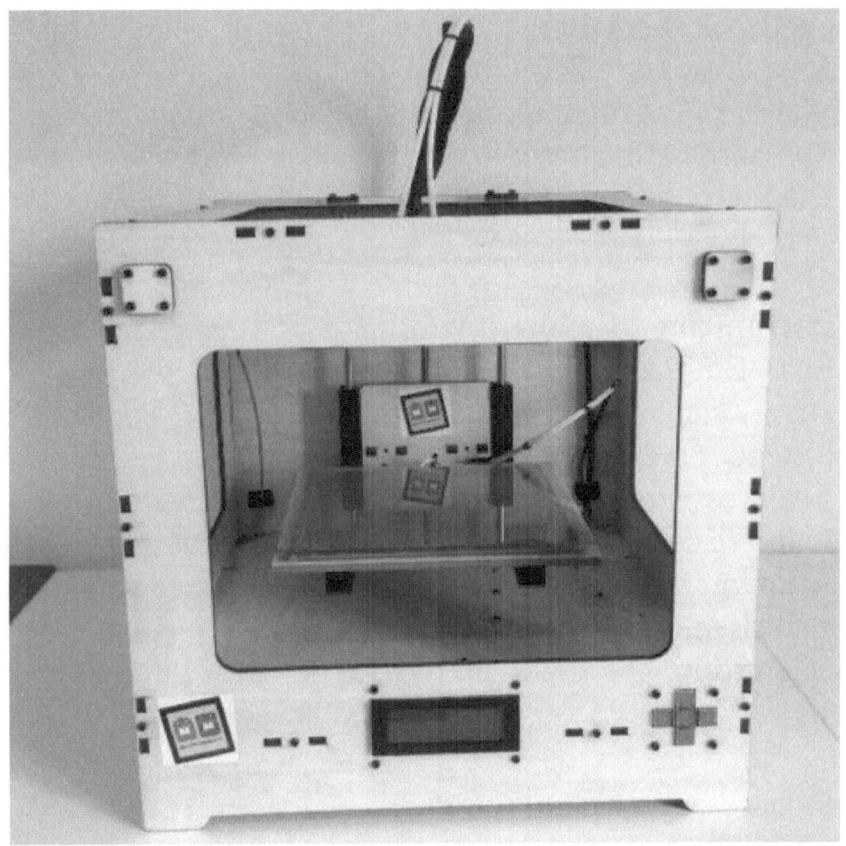

Caratteristiche principali:
• Doppio estrusore

- Ugelli 0,4 mm
- Stampa diretta da SD card
- LCD con pannellino di controllo integrato
- Area di stampa 200x200x200 mm
- Piano riscaldato con alimentazione indipendente
- Pulsante On/Off

Specifiche tecniche:
- Area di stampa: 200x200x200
- Volume di stampa: circa 8 litri
- Spessore dello strato: <0,1
- Diametro dell'ugello: 0,4 mm
- Velocità: 150 cm3 / h

Elettronica e Movimentazione:
- ShareBot Pro scheda madre: Mightyboard Rev.E
- Driver stepper con Vref automatico
- 5 stepper Nema 17
- 3 microswitch per la rilevazione del fine corsa
- Piano riscaldato con alimentazione indipendente
- Alimentazione universale separata per scheda madre e piano riscaldato
- Controllo integrato LED RGB per illuminazione interna

Estrusori:
- Max temp 280°C
- Filamento da 1,75 mm
- Ugelli 0,4 mm

Software consigliato:
- ReplicatorG
- Slic3r

Materiali utilizzabili:
- Filamenti di ABS e PLA di diametro 1,75mm

Meccanica:
- Cuscinetti a ricircolo di sfere
- Guide di scorrimento di precisione diametro 8 mm
- Manicotti di scorrimento a ricircolo di sfere
- Struttura in compensato di qualità superiore tagliato a laser
- Particolari in acrilico tagliati a laser

Sharebot NG Next Generation

La stampante Sharebot NG è il modello successivo alla versione Pro, è un prodotto italiano, supportato e certificato CE. Ha una struttura completamente in acciaio che la rende molto più stabile, resistente agli urti e al trasporto.

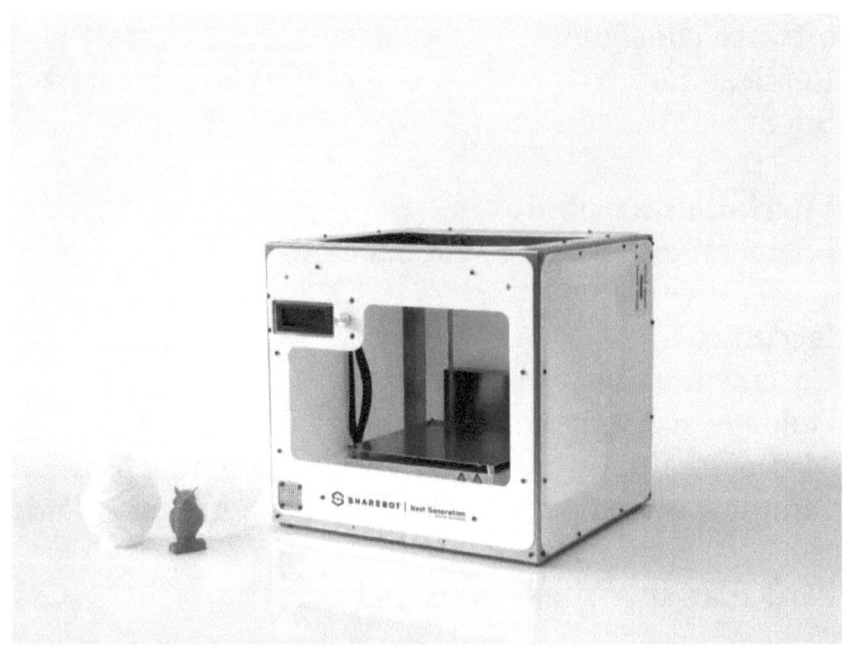

Caratteristiche principali:
• Scocca in acciaio inox
• Pannellatura in plexiglass
• Singolo estrusore
• Ugello 0,35 mm
• Stampa diretta da SD card senza bisogno del PC
• LCD con pannellino di controllo integrato
• Area di stampa 250x200x200 mm o 230x200x200 mm con doppio estrusore
• Piano riscaldato con alimentazione indipendente
• Secondo estrusore
• Certificazione CE

Funzioni del pannello di controllo:

• Possibilità di variare i seguenti parametri durante la stampa:
- la velocità di stampa
- la temperatura di estrusione
- la temperatura del piano riscaldato
- la velocità delle ventole
- il flow rate

• due modaltà di calibrazione del piano di stampa, per una maggiore precisione di stampa
• Carico e scarico del filamento
• Pausa della stampa

Specifiche tecniche:
• Area di stampa 250x200x200 mm o 230x200x200 mm con doppio estrusore
• Volume di stampa: circa 8 litri
• Spessore dello strato: <0,05 mm (per un buon rapporto qualità/tempo consigliato 0,3 mm)
• Diametro dell'ugello: 0.35 mm
• Velocità: 150 cm3 / h

Estrusore:
• Massima temperatura 280°C
• Filamento da 1,75 mm
• Ugello da 0,35 mm

Software consigliato:
• Repetier host
• Slic3r

Materiali utilizzabili:
• Filamenti di ABS, PLA, PLA-WOOD, PLA-SAND, GUM, POLY, NYLON, CRISTAL FLEX di diametro 1,75mm

info@sharebot.it

Indice

1. Introduzione — 1
2. 123D Design — 6
3. Primi passi nello spazio — 15
4. Spostare gli oggetti — 23
5. Ci siamo rotti le scatole? — 35
6. Me li hai proprio fusi — 41
7. Realtà distorta — 49
8. Diamoci un taglio — 55
9. Flatlandia — 69
10. Creare nuovi solidi — 93
11. Pattern — 105
12. Misure — 116
13. La stampa 3D — 122
14. Progetti in 3D — 143
15. Sharebot — 166

www.ingramcontent.com/pod-product-compliance
Lightning Source LLC
Chambersburg PA
CBHW032012170526
45157CB00002B/661